全国高职高专汽车类"工学结合-双证制"人才培养"十三五"规划教材

汽车文化
（第二版）

主　编　金　明　赵大伟
副主编　金朝昆　邱家彩　段　妍
　　　　杨进峰　李　路　左小勇

华中科技大学出版社
中国·武汉

内 容 提 要

本书通过汽车器物文化（包括汽车简史、汽车的外形与色彩、世界著名汽车公司及其商标）、汽车行为文化（包括赛场风云、在发展中逐步改善的汽车）、汽车精神文化（汽车工业的发展、车界名人、世界名车、汽车新技术和未来汽车）三个部分的内容，来介绍汽车文化的主要内容。

本书可作为高职高专汽车专业相关课程的教材，也可作为汽车技术人员、汽车管理人员、汽车爱好者的普及性读物。

图书在版编目（CIP）数据

汽车文化/金明，赵大伟主编. —2版. —武汉：华中科技大学出版社，2019.5（2024.7重印）
全国高职高专汽车类"工学结合-双证制"人才培养"十三五"规划教材
ISBN 978-7-5680-5193-4

Ⅰ.①汽… Ⅱ.①金… ②赵… Ⅲ.①汽车-文化-高等职业教育-教材 Ⅳ.①U46-05

中国版本图书馆 CIP 数据核字（2019）第 081895 号

汽车文化（第二版） 金　明　赵大伟　主编
Qiche Wenhua

策划编辑：余伯仲
责任编辑：吴　晗
封面设计：廖亚萍
责任监印：周治超

出版发行：华中科技大学出版社（中国·武汉）　　电话：(027)81321913
　　　　　武汉市东湖新技术开发区华工科技园　　　邮编：430223
录　　排：武汉三月禾传播有限公司
印　　刷：广东虎彩云印刷有限公司
开　　本：787mm×1092mm　1/16
印　　张：10.75
字　　数：275千字
版　　次：2024年7月第2版第3次印刷
定　　价：34.80元

本书若有印装质量问题，请向出版社营销中心调换
全国免费服务热线：400-6679-118　　竭诚为您服务
版权所有　侵权必究

全国高职高专汽车类"工学结合-双证制"人才培养"十三五"规划教材

编 委 会

主任委员
　　张光德　武汉科技大学

委员（排名不分先后）
　　陈森昌　广东技术师范大学
　　张　健　湖北工业职业技术学院
　　侯守明　鹤壁汽车工程职业学院
　　熊其兴　武汉职业技术学院
　　彭国平　武汉城市职业学院
　　包科杰　襄阳汽车职业技术学院
　　吴纪生　江西交通职业技术学院
　　苗春龙　潍坊职业学院
　　黄经元　九江职业技术学院
　　杨进峰　广东工程职业技术学院
　　吴云溪　广东科学技术职业学院
　　张柏荣　武汉市交通学校
　　谢生伟　四川职业技术学院
　　鄂　义　武汉软件工程职业学院
　　廖中文　广东农工商职业技术学院
　　周松兵　湖北十堰职业技术（集团）学校
　　刘照军　聊城职业技术学院
　　罗文华　盐城工业职业技术学院

第二版前言

汽车文化既是一门艺术，也是一门有趣的课程。如何向广大在校大学生和汽车爱好者介绍汽车文化的相关内容是一个比较棘手的课题。本书自2015年出版以来，得到了较为广泛的使用，在推广汽车文化、培养汽车类专业学生的学习兴趣方面起到一定的积极作用。汽车作为现代世界文明的产物，自诞生之日起就对人类的发展产生着巨大的影响。汽车对于人类来说不仅仅是交通工具、运输工具，更是人类智慧的结晶，凝聚着先进的制造工艺，散发着艺术的气息，更有深邃的文化内涵。

随着国民经济的持续健康发展，中国汽车工业的崛起令世界瞩目，汽车产量跃居世界之冠，汽车进入全民消费时代。截至2016年年末，中国的汽车保有量超过1.9亿辆，最近几年都保持着年均2000多万辆的增长速度。相对于传统的汽车文化教材，本书着重介绍了中国市场比较著名的自主品牌汽车及相关知识。

了解世界汽车工业的发展历程，有利于越来越多的汽车行业从业者加深对所从事行业的认识，增强专业兴趣。对于普通民众，也能普及汽车常识，逐步建立起自身对于汽车文化的认知。本书集汽车的发展历程、技术知识、逸闻趣事、文化理念等于一体，为读者了解汽车的过去、现在和未来提供了详尽的资料，并配以插图，表现性和趣味性都有大幅度的提升。本书适合作为高等职业院校、高等专科学校和成人高校等汽车专业的教材和参考书，也可作为广大汽车产业从业者和汽车爱好者的兴趣读物。

本书除绪论外，还包含七章内容。第1章为汽车简史，第2章介绍汽车外形及色彩，第3章介绍世界著名汽车公司，第4章介绍赛场风云，第5章介绍新能源汽车，第6章介绍在发展中逐步改善的汽车，第7章介绍汽车新技术及未来汽车。

本书由金明、赵大伟担任主编，金朝昆、邱家彩、段妍、杨进峰、李路、左小勇担任副主编。本书还同时得到了行业专家夏仁兵、冯小宁、李任龙的指导，在此表示感谢！

本书的编写参考了许多相关著作、论文及网站资料，因篇幅所限，除列出的主要参考文献外，恕不一一列举，在此向诸多作者和相关组织及企业表示诚挚的谢意。

本书涉及面广，而编者水平有限，书中难免存在许多不足甚至谬误之处，欢迎专家、读者批评指正。

编者
2019年6月

目 录

- 绪论　认识汽车文化 ·· (1)
  - 0.1　汽车文化的内涵 ·· (1)
    - 0.1.1　文化的形成 ·· (1)
    - 0.1.2　汽车文化的构成要素 ·· (1)
    - 0.1.3　汽车文化的特征 ·· (2)
    - 0.1.4　汽车经历的重大历史变革 ·· (2)
    - 0.1.5　汽车发展经历的里程碑事件 ··· (2)
    - 0.1.6　汽车品牌文化的重要性及意义 ·· (2)
  - 0.2　丰富多彩的汽车文化 ·· (3)
    - 0.2.1　不同国家的汽车文化 ·· (3)
    - 0.2.2　丰富的汽车文化盛宴 ·· (4)
- 第1章　汽车简史 ·· (5)
  - 1.1　古代陆地交通工具的出现 ·· (5)
    - 1.1.1　车轮的出现 ·· (5)
    - 1.1.2　马车的出现及兴盛 ··· (6)
  - 1.2　现代世界主要汽车生产国汽车工业的发展 ··· (7)
    - 1.2.1　德国汽车工业的发展 ·· (7)
    - 1.2.2　美国汽车工业的发展 ·· (9)
    - 1.2.3　日本汽车工业的发展 ·· (11)
    - 1.2.4　法国汽车工业的发展 ·· (12)
  - 1.3　我国汽车工业的发展 ·· (13)
  - 1.4　汽车史上的三次重大变革 ··· (14)
    - 1.4.1　第一次变革——流水线大批量生产 ·· (15)
    - 1.4.2　第二次变革——多样化品种 ··· (15)
    - 1.4.3　第三次变革——精益生产方式的形成 ··· (16)
- 第2章　汽车外形及色彩 ·· (18)
  - 2.1　汽车外形 ·· (18)
    - 2.1.1　影响汽车外形的因素 ·· (18)
    - 2.1.2　汽车外形的演变 ·· (19)
  - 2.2　汽车的颜色 ·· (23)
    - 2.2.1　车身颜色的选择原则 ·· (23)
    - 2.2.2　内饰颜色选择及搭配 ·· (25)
- 第3章　世界著名汽车公司 ·· (27)
  - 3.1　欧洲著名汽车公司 ··· (27)

    3.1.1 德国著名汽车公司 …………………………………………… (27)
    3.1.2 意大利著名汽车公司 ………………………………………… (51)
    3.1.3 法国著名汽车公司 …………………………………………… (71)
    3.1.4 英国著名汽车公司 …………………………………………… (78)
  3.2 美洲著名汽车公司 ………………………………………………… (89)
    3.2.1 通用汽车公司 ………………………………………………… (89)
    3.2.2 福特汽车公司 ………………………………………………… (98)
    3.2.3 克莱斯勒汽车公司 …………………………………………… (104)
  3.3 亚洲著名汽车公司 ………………………………………………… (107)
    3.3.1 中国著名汽车公司 …………………………………………… (107)
    3.3.2 日本著名汽车公司 …………………………………………… (115)
    3.3.3 韩国著名汽车公司 …………………………………………… (125)

第4章 赛场风云 ……………………………………………………………… (128)
  4.1 早期汽车赛事 ……………………………………………………… (128)
  4.2 赛车运动摇篮期 …………………………………………………… (128)
  4.3 赛车运动黄金期 …………………………………………………… (129)
    4.3.1 赛道的发展与变革 …………………………………………… (129)
    4.3.2 赛车的发展与改良 …………………………………………… (129)
  4.4 经济危机中的赛车运动 …………………………………………… (130)
  4.5 FIA 四大赛事 ……………………………………………………… (131)
    4.5.1 F1世界一级方程式锦标赛 …………………………………… (131)
    4.5.2 世界拉力锦标赛 WRC ……………………………………… (132)
    4.5.3 FIA GT ……………………………………………………… (133)
    4.5.4 世界房车锦标赛(WTCC) …………………………………… (133)

第5章 新能源汽车 …………………………………………………………… (135)
  5.1 新能源汽车的定义和分类 ………………………………………… (135)
    5.1.1 混合动力汽车 ………………………………………………… (136)
    5.1.2 纯电动汽车 …………………………………………………… (136)
    5.1.3 氢能源汽车 …………………………………………………… (136)
  5.2 知名新能源汽车 …………………………………………………… (137)
    5.2.1 特斯拉(Tesla) ……………………………………………… (137)
    5.2.2 沃蓝达(Volt) ………………………………………………… (139)
    5.2.3 宝马i8 ………………………………………………………… (140)
    5.2.4 比亚迪·唐 …………………………………………………… (140)

第6章 在发展中逐步改善的汽车 …………………………………………… (141)
  6.1 汽车安全性 ………………………………………………………… (141)
    6.1.1 汽车主动安全 ………………………………………………… (141)
    6.1.2 汽车被动安全 ………………………………………………… (142)
  6.2 智能导航 …………………………………………………………… (145)

6.3 能源消耗与汽车节能减排 (147)
　　6.3.1 汽车能源消耗 (147)
　　6.3.2 汽车节能减排 (148)
第7章　汽车新技术和未来汽车 (149)
　7.1 概念汽车 (149)
　　7.1.1 概念车的定义 (149)
　　7.1.2 概念车的起源与发展 (149)
　　7.1.3 世界十大绿色概念车 (150)
　　7.1.4 中国的概念车 (154)
　7.2 智能汽车 (155)
　　7.2.1 基本概念 (155)
　　7.2.2 发展现状与趋势 (156)
参考文献 (161)

绪论　认识汽车文化

　　汽车是一种凝结着人类全部智慧的交通工具,它改变了人们的生活方式和消费理念,提升了人们的生活质量。21世纪随着人们生活节奏加快,汽车在人们心中占据的位置也越来越重要,汽车以其快捷的速度、舒适的环境而让人喜爱,同时也积累了丰富的精神财富,被赋予了更多的文化内涵,形成了独特的汽车文化。

0.1　汽车文化的内涵

0.1.1　文化的形成

　　文化是一种社会现象,是人们在日常生活中长期累积形成的产物。同时又是一种历史现象,是社会历史的积淀物。确切地说,文化是指一个国家或民族的历史、地理、风土人情、传统习俗、生活方式、文学艺术、行为规范、思维方式、价值观念等。文化是人的人格及其生态状况的反映。广义的文化是人类创造出来的所有物质和精神财富的总和,其中既包含世界观、人生观、价值观等具有意识形态性质的部分,也包括自然科学和技术、语言和文字等非意识形态的部分。文化是人类社会特有的现象。文化是由人创造,为人所特有的。有了人类社会才有文化,文化是人类社会实践的产物。当一种消费品已经达到一定数量时,它自然就会在人们生活中发挥其"使用价值"以外的作用,从而也就形成了其自身的一种文化,汽车本来是多种材料组成的物件,是人类给它赋予了特有的内涵。

0.1.2　汽车文化的构成要素

1. 人为要素

　　汽车文化的人为要素包括两方面内容:一方面,汽车把人从繁重的体力劳动及远距离行动中解放出来,将重视人、尊重人、关心人和爱护人渗透到车的设计中;另一方面,前人的探索创新也是汽车文化的重要的组成部分。

2. 美学要素

　　美学要素是科学与技术的结合,形式与功能的统一,不仅仅表现在车的外观和造型上,也渗透在结构、材料、工艺等方面。从车的外形变化来说,形状的演变从来都建立在审美观念发展与科技进步的基础之上。

3. 服务要素

　　汽车的服务要素体现在运输功能上,运输企业以人为本,从服务理念、服务语言、服务行为、服务设施等方面入手,不断提升管理水平和经营绩效。从城市公共服务、城际客运服务、物流运输服务等方面的变化,就能深刻体会到服务要素作为汽车文化的一个重要构成对社会的影响。

4. 技术要素

汽车是一个反映综合制造技术的高科技产品,体现着技术的可靠性、功能性和进步性。汽车的设计、生产涉及冶金、材料、能源、机械、制造等多学科领域,技术要素不只包含工程技术,管理科学也是技术要素的重要组成部分。

5. 社会要素

汽车文化的形成和发展总与一定时期的社会思潮和价值判断相联系。比如我国当下的汽车产业,其正在经历的从追求高产量向节能减排、经济环保的转变就成为了中国当代汽车重要的社会要素。

6. 经济要素

过去人们更多考虑的问题是如何降低生产与生活成本、提高交通效率,从而促进社会经济的发展,如今人们考虑的不仅是成本与效益,还有从社会整体经济发展的角度思考的整个汽车产业对众多相关产业的拉动和生态环境的改善。

0.1.3　汽车文化的特征

汽车文化具有继承性、时代性、民族性、创新性、统一与多样性、互动性等特征。

0.1.4　汽车经历的重大历史变革

在一百多年的汽车工业发展史中,世界汽车工业经历了3次巨大变革。第一次变革是美国福特汽车公司推出T型车,发明了汽车装配流水线,使世界汽车工业的重心从欧洲转向美国。第二次变革是欧洲通过多品种的生产方式,打破了美国汽车公司在世界车坛上的长期垄断地位,使世界汽车工业的重心从美国又转回欧洲。第三次变革是日本通过完善生产管理体系,形成精益生产方式,全力发展物美价廉的经济型轿车,日本成了继美国、欧洲之后世界第三个汽车工业发展中心。

0.1.5　汽车发展经历的里程碑事件

第一个里程碑:梅赛德斯开创了汽车时代。
第二个里程碑:福特汽车公司开始大批量生产汽车。
第三个里程碑:雪铁龙创造了前轮驱动汽车。
第四个里程碑:甲壳虫汽车的神话。
第五个里程碑:难以超越的迷你汽车的诞生。
第六个里程碑:风靡20世纪90年代的多用途厢式车的诞生。

0.1.6　汽车品牌文化的重要性及意义

所谓品牌文化,是指品牌在经营中逐渐形成的文化积淀,它代表着品牌的价值观和世界观。形象地说，就是把品牌人格化后，其所持有的主流观点。它是一种能反映消费者对汽车在精神上产生认同、共鸣，并持久信仰该品牌的理念追求。品牌文化能形成强烈的品牌忠诚度，品牌力要依托于品牌的文化内涵。

　　品牌文化的核心是文化内涵，具体而言是其蕴涵的深刻的价值内涵和情感内涵，也就是品牌所凝炼的价值观念、生活态度、审美情趣、个性修养、时尚品位、情感诉求等精神象征。品牌文化通过创造产品的物质效用与品牌精神高度统一的完美境界，能超越时空的限制带给消费者更多的高层次的满足、心灵的慰藉和精神的寄托，在消费者心灵深处形成潜在的文化认同和情感眷恋。在消费者心目中，他们所钟情的品牌作为一种商品的标志，除了代表商品的质量、性能及独特的市场定位以外，更代表他们自己的价值观、个性、品位、格调、生活方式和消费模式；他们所购买的产品已不只是一个简单的物品，而是一种与众不同的体验和特定的表现自我、实现自我价值的道具；他们认牌购买某种商品也不是单纯的购买行为，而是对品牌所能够带来的文化价值的心理利益的追逐和个人情感的释放。因此，他们对自己喜爱的品牌形成强烈的信任感和依赖感，融合许多美好联想和隽永记忆，他们对品牌的选择和忠诚不是建立在直接的产品利益上，而是建立在品牌深刻的文化内涵和精神内涵上，维系他们与品牌长期联系的是独特的品牌形象和情感因素。在社会进步、物质生活水准提高的今天，大众对文化的需求日益强烈。品牌文化要借助大众文化和消费者心理特征，才能形成自己的文化群体。不同的行业可能表现有所不同。比如商用轿车，瞄准商业人士，所体现的是一种成功者的风度、气质和不屈精神。

　　一个汽车品牌，它所带来的，不仅仅是名字那么简单，而是一种身价、一种文化内涵的表现。汽车品牌往往是与创始人联系在一起的，品牌的命名、个性和定位一开始就深深打上了创始人的烙印，并随着产品的不断更新进一步发扬光大。无论是德国的戴姆勒-奔驰，美国的福特、克莱斯勒，还是英国的劳斯莱斯，法国的雪铁龙、雷诺，抑或是日本的丰田，其品牌都是以创始人的名字直接命名的。每一个品牌不仅具有不同的个性和风格，更是体现一部其创始人令人振奋的发展史。

　　品牌文化自然也是汽车文化内涵的重要组成。世界著名汽车生产厂家和著名人物对形成汽车文化起直接作用，他们赋予汽车性能、品质和内涵。汽车厂家的企业文化和产品品牌文化是汽车文化的重要内容。可以说，在众多产品中，汽车品牌商标最具文化内涵。汽车厂家对其产品品牌名称以及车标极具匠心的设计，体现了企业文化和精神。汽车与社会有着密切关系，汽车文化是社会文化的重要组成部分。

　　对于汽车来说，它的内涵就是品质、技术含量和配置。文化本身是一种大众文化形式，这种文化带着明显的时代文化的痕迹。往往有着深厚的文化内涵，其所折射出的文化价值和文化观念对人起着潜移默化的教化功能。

0.2　丰富多彩的汽车文化

　　不同的地域、众多的汽车品牌造就了个性、丰富的汽车文化。

0.2.1　不同国家的汽车文化

　　德国人为人严谨，做事认真仔细，延伸到造车上，德国人造车也比较严谨，德国汽车品牌世界闻名,钣金比较好,车身紧凑性好,高速行使稳定性好,发动机工作可靠性也比较高。

意大利人不仅有着与法国人相同的浪漫和时尚的嗅觉,也有着奔放和没有禁忌的个性。意大利汽车设计豪放、性感、洒脱,多以性能的表现和外形吸引顾客,充分展示了意大利人的热情、浪漫、灵活和机敏的个性。

英国汽车稳重、内向、有内涵。传统车用料充足,不会有夸张的外形和性能表现,令乘客有一种质朴、实在的感觉。

法国人的浪漫闻名世界,同时,法国也是一个具有时尚前卫风格的国度。法国汽车的设计承载着法国本土气息,除借鉴德国车比较先进的理念外,还发扬自己本身的时尚前卫的特质。可以说,法国车是时尚、科技和一个比较高水准工艺的综合体。当然这些也是相对而言的,法国车给人的感觉是风格和设计理念比较独特。法国车的设计,很大程度上更突出在新设计的外延方面,像微型车的精巧、商务车的功能特性、轿车的尽善尽美以及与众不同的设计等。

美国人对汽车的设计比较实用,每推出一款造型汽车,都一定要最符合当时人们的需求。宽大、豪华是美国本土车的共性,舒适与实用兼而有之。

日本汽车的制造秉承着精细的理念,没有太多的创新设计,但是力求制造完美,这也体现了日本国民的一种内在精神。

0.2.2 丰富的汽车文化盛宴

汽车大赛是汽车文化的盛宴,世界一级汽车大赛包括方程式(F1)锦标赛、世界汽车拉力锦标赛(WRC)、世界房车锦标赛(WTCC)、世界国家杯方程式(A1)锦标赛、达喀尔汽车越野拉力赛、世界杯越野锦标赛、澳门格兰披治大奖赛(每年11—12月举办),至于其他大赛如DTM德国房车大师赛、澳洲V8房车赛、美国纳斯卡房车赛等都属于国家级别的著名赛事。中国境内目前除举办F1锦标赛外,还有自己的锦标赛:全国汽车拉力锦标赛(CRC)、全国汽车场地锦标赛(CCC,2000CC组、1600CC组和康巴斯方程式)、全国汽车场地越野锦标赛、中国越野锦标赛(CCCR),以及其他集结赛、老爷车赛等。

第1章 汽车简史

1.1 古代陆地交通工具的出现

1.1.1 车轮的出现

任何简单而意义深远的发明都不是凭空出现的,必然是有什么现象触发了灵感,正如古人见到了水里漂浮的木头而想到独木舟一样,车轮的发现当然也是受到了一些自然物所产生的现象的启发。

那车轮是怎么出现的呢?车轮是人类在搬运东西的劳动实践中逐渐发明的。在原始社会,人类祖先以采集和打猎为生。开始时,获取的食物有限,轻而易举地就能随身把它带回家。但随着人类社会的进步,获取的食物越来越多,要分好几次才能带回家,于是,有人就想出了主意,从地上拣了几根折断的粗树枝,用藤蔓将这些树枝连接在一起,然后把食物放在上面,双手抓住两根长树枝拖着走,这比用肩扛背驮轻快多了。也有人想到用一根木棒,一端扛在肩上,另一端拖在地上,把重物吊在木棍中间拉着走,这也比用手搬运省力。还有人把两根棍并排起来,中间系一块布,双手持两棍端,另一端在地上拖着走。上述这些,就是人们最初发明的一种"轻橇",它的特点是借助滑杆在地上滑动。

古代搬运

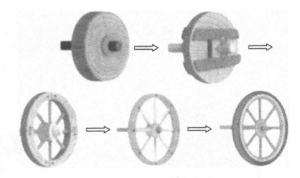
轮胎演变

当时在几乎没有道路的荒原山上拽这种橇仍然是很困难的。有一天,狂风大作,有人发现在风的吹动下,圆滑的石头或圆木滚动得比其他的东西快。这个自然现象给人们很大启示,于是有人用石斧把圆木截短,并把砍下的两段圆木在中间凿一个圆洞,再在洞里穿上一根细一点的木棍把它们连接起来。这样,一种滚子橇制造成功,用它拖东西比过去"轻橇"又轻快多了,当用这种滚轮装运太重的物品时,滚轮就会被压裂,因此,后来人们又想到这种轮子套上铜箍或铁箍。相传大约在公元前3000年,中亚地区就已经使用带轮的车,但当时文明发达的埃及并不知道,仍是用滚木为轮拖运货物,公元前17世纪,北方的海克索斯人用马拉战车进攻埃及,让埃及人大吃一惊。从此,埃及人也开始使用带轮的车。并首先使用了轮辐和轮缘来加固车轮。不过当时车轮还都是木制的,后来随着钢铁的出现,木轮发展成为钢制轮,外加橡胶轮胎,内充空气,车轮日臻完善。通常轮子被视为人类最古老、最重要的发明,以致我们经常把它和火的使用相提并论。

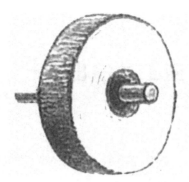 

轮胎的演变

1.1.2　马车的出现及兴盛

马车的历史极为久远,它几乎与人类的文明一样漫长。在古罗马帝国,繁荣的经济和贸易需要先进而且数量极大的陆上运输工具。约公元前2000年,黑海附近大草原的几个部落带着马来到底格里斯-幼发拉底河流域,开始用马来拉有轮子的车,这时的车轮已经有轮辐,而不像早期的车轮那样是整个木头块做成的。这种车轮比较轻便,易于操纵。公元前1世纪,罗马的制车匠发现了塞尔特人的四轮车,并再加改革,使四轮马车用旋转式前轴以转动方向,用整片的轮辐与轮箍以增加强度,同时用镶有金属边的轮毂以减小摩擦,马车的性能大为提高。到公元200年时坚固的罗马四轮运输车在大道上隆隆驶过,马拉邮车和客车每24 h可行驶160 km,中途停车更换马匹继续前进。最初的马车是一匹马拉的双轮马车,发展到19世纪,出现了四匹马拉的马车,这种马车速度比原来的提高了几倍。

两轮马车　　　　　　　　　　　古代马车

随着工业的发展,四轮马车似乎已经满足不了人们的需求。人们希望发明一种比马车更有耐力和更强壮的动力机器,以使车轮转得更快。1765年,英国人瓦特发明蒸汽机带领人们进入蒸汽机时代。1814年,英国工程师斯蒂芬森造出了在铁轨上行驶的蒸汽汽车,1904年,四轮马拉的驿车与蒸汽列车相争,并以失败而告终,马车的黄金时代宣告结束。现代马车多用于观光,已不再是单纯的交通工具了。

现代观光马车

1.2 现代世界主要汽车生产国汽车工业的发展

1.2.1 德国汽车工业的发展

德国是现代汽车的发源地,是生产汽车历史最悠久的国家。自从1886年卡尔·本茨发明第一辆汽车至今,德国的汽车工业已经走过了130多年的发展历程。

回顾这130多年的历史,德国汽车工业的发展也和世界其他国家一样,经历了试验发明、不断完善、迅速发展和高科技广泛应用四个阶段。而且每一个阶段的发展,一直都与德国的政治、经济、社会文化等领域的重大事件紧密联系在一起。

第一阶段,1871—1910年,汽车的试验发明阶段。

19世纪70年代,正是西方第二次工业革命浪潮兴起的时候,德国人在19世纪末创造了一个奇迹:在短短的30年里走完了英国人用了一百多年才走完的工业化道路,从而使德国跻身于世界工业化的强国之列。

这一时期,由于内燃机的发明和汽车的诞生,汽车产业诱人的前景使当时德国的汽车厂商纷纷涌现,一些其他行业的厂家也转向汽车生产。1901年,全德国只有12家汽车制造厂,职工1773人,年产汽车884辆;而到了1908年,德国的汽车制造厂已达到53家,职工12400人,年产汽车5547辆。到第一次世界大战前,德国汽车工业已基本形成了一个独立的工业部门,汽车制造工人50000多人,年产量达20000辆,仅次于美国的汽车产量。

为什么德国能在19世纪70年代以后从一个落后的封建国家迅速发展并超越英法而成为欧洲第一的工业化强国呢?其主要原因如下。

第一,当时的普鲁士在"铁血宰相"俾斯麦的领导下,经过连续几年的战争,终于在1871年完成了德国的统一,创立了一个统一的国内市场和统一的经济环境,极大地促进了德国资本主义工商业和农业的发展。

第二,德国在1870年的普法战争中击败法国,从法国掠夺了50亿法郎的战争赔款,并吞并了阿尔萨斯和洛林,为德国的工业革命提供了有力的资本保证。

第三,科学技术的发展,使当时德国的生产力获得了突飞猛进的发展,德国在这一时期科学技术的突破不但改变了德国本身,而且对世界的发展都具有深远的意义。

德国的汽车工业正是在这样一个历史时期里诞生、兴起并逐步影响世界的。

第二阶段,1911—1940 年,汽车技术不断完善阶段。

尽管一战给德国的汽车工业发展带来了不利的影响,但战争结束以后,德国人仅用了 10 年左右的时间就大大超过了战前的繁荣。其中 1923 年到 1929 年这 7 年时间,被称为是德国汽车工业"黄金般的 20 年代"。这一时期,汽车工业发展迅速,现代汽车技术不断得到完善。

1933 年希特勒上台,为了达到他的个人目的,希特勒把魏玛共和国时期已经规划好的高速公路建设和国民轿车的生产提上了日程表,把发展汽车工业及与此相关的行业摆到十分显著的位置。对当时的德国来说,在刚刚经历了 20 年代末 30 年代初世界性的经济大萧条后,汽车的诱人前景和迅速发展起来的高速公路网,使此后的 30 年代再次成为德国汽车生产的"黄金时代"。

到第二次世界大战爆发前,德国的汽车工业已具有相当的基础,戴姆勒-奔驰、奥迪、大众等汽车公司均已形成一定的生产规模。从而为汽车真正成为体现 20 世纪 30 年代及以后相当长一段时间里世界上产品文化的主要载体之一奠定了基础。

第三阶段,1941—1960 年,汽车工业迅速发展阶段。

这一阶段,对于德国来说,经历了战后艰难的恢复与获得重生这样一个特殊的阶段,所以直到进入 20 世纪 50 年代,德国的汽车工业才真正进入了迅速发展时期。整个第二次世界大战期间,德国的汽车工业转而成了军事工业的一部分,为战争服务。到第二次世界大战结束时,大部分汽车工厂都遭受重创,几乎成了废墟。

第二次世界大战结束后,德国的汽车厂都被盟军接管。由于德国处于战败国的地位,许多工业的发展都受到了限制。在十分困难的条件下,德国人依靠顽强的民族精神,使德国的汽车工业很快得到恢复并获得了重生。尤其是联邦德国的经济在一片废墟上创造出著名的艾哈德经济奇迹,只用了十几年的时间,就再一次超越英、法而成为欧洲第一的经济强国。这一经济奇迹的产生,与德国汽车工业的迅速发展密不可分。

1950 年,联邦德国的汽车产量达到 30 万辆。随着国内汽车的高速普及以及汽车出口竞争能力的不断提高,汽车产量大幅度上升,尤其以大众公司的"甲壳虫"汽车为代表,标志着德国汽车工业开始进入飞速发展的阶段。到 1960 年,德国的汽车年产量已达 200 万辆,10 年增长了 5.7 倍,年均增长率达 21%,从此成为欧洲最大的汽车生产国和出口国。

第四阶段,1961 年至今,汽车高科技广泛应用阶段。

这个时期,以柏林墙的建立为标志,东西德国被整整分割了 28 年。冷战期间,东西德的汽车工业发展形成了很大的差距。一直到 20 世纪 80 年代末柏林墙倒塌,东西德重新统一,德国的汽车工业不断地进行调整和重组。随着欧洲一体化进程的加快,德国的汽车工业开始进入一个新的发展阶段。从 20 世纪 60 年代开始,原联邦德国的汽车工业继续以较高速度增长,经过市场的有序竞争,汽车厂家由 100 多家到仅剩下 10 多家,产量却不断提高。许多现代科技被广泛应用于汽车工业,汽车生产开始进入一个成熟阶段。

1966 年,德国的汽车产量被日本超过,排名居世界第三位,并一直到现在。1971 年,德国的汽车年产量达到 400 万辆。在这以后,由于受两次石油危机的影响,加上德国国内汽车已基本普及，德国汽车出口的势头也有所减慢，而进口量却有较大增加，从而使德国汽车产量呈现下降、徘徊和低速增长的态势。

整个 20 世纪 70 年代，德国汽车工业的产量一直徘徊在 300 万～400 万辆之间。而整个 80 年代，德国的汽车产量则一直在 400 万～500 万辆之间波动。到 1998 年，德国的汽车产量达到了 570 万辆。

从 20 世纪 90 年代后期起，全球汽车业发生的最重要事件莫过于资产重组、联合兼并的浪潮。经过几十年的演变，世界汽车工业已基本形成了所谓"6+3"的竞争格局。

当今"6+3"格局，基本可以代表世界整个汽车工业，因为这些企业的汽车产量之和已占到全世界汽车总产量的 90%以上，其中德国汽车公司的产量占三分之一。

1.2.2 美国汽车工业的发展

19 世纪末，美国的经济已经达到了比较高的水平，工业生产逐渐处于世界前列，其钢铁和石油化工等工业的发展为汽车工业的发展创造了条件。美国历史上第一次汽车展览始于 1900 年 11 月，在纽约市当时的麦迪逊花园广场举行。1908 年，福特汽车推出了著名的 T 型车，这种售价不足 500 美元，后降到 300 美元的汽车，只有当时同类汽车价格的 1/4 甚至 1/10，美国一个普通工人用一年工资就可以购买到。福特的 T 型车战略使汽车成为真正意义上的大众交通工具。1913 年，福特公司首先在生产中使用流水线装配汽车，这给汽车工业带来革命性变化，美国随即出现了普及汽车的高潮。

福特 T 型车

福特流水线

第一阶段，1900—1915 年，大量生产阶段。

1893 年，汽车开始大量生产，人类社会进入汽车时代。奥尔兹莫比汽车公司成立于 1887 年，是美国历史最悠久的汽车制造厂商。该公司于 1903 年生产的 Doctor Coupe 是单汽缸引擎汽车，也是该公司第一批大量生产的汽车，1903 年共生产了约 4000 辆。

1908 年福特汽车公司生产的福特 T 型汽车为汽车制造开创了新纪元，可以说是 20 世纪美国甚至是全世界让汽车成为大众交通工具的先驱，因为它是世界第一条生产线上装配而成的汽车。当时的媒体一致推选福特 T 型汽车为 20 世纪最重要的汽车发明。福特采用大批量生产的方式，改善 T 型汽车，同时降低价格，也因此改变了人类的生活方式。1908 年，当今全球第一大汽车生产厂商通用汽车公司成立。在这两大汽车公司的耕耘下，汽车性能益发精进，销售量蒸蒸日上。

第二阶段，1916—1929 年，汽车制造在这个时期日趋成熟。

1916 美国汽车销量首度突破 100 万辆，1920 年再度建立超越 200 万辆的新里程碑。越来越多的中等阶层拥有汽车,而汽车的造型已经成为汽车制造过程中的一个重要步骤。通用汽车公司更率先成立艺术与色彩生产部门。在这个时期,流行汽车车身定做,即先购买某种汽车的机械部件,然后再另外设计定做车身。虽然许多被视为经典的汽车外观都是这个时期的产物,但车身定做其实是费钱而不实际的。这个时期,美国汽车工业为适应消费者需求已经能够生产 8 缸引擎跑车,速度可达到 115 mile/h (1 mile=1.609 km)。1925 年美国第三大汽车制造厂商克莱斯勒汽车公司成立。在美国经济大萧条前夕的 1929 年,美国汽车销量冲破 500 万辆。

第三阶段,1930—1942 年,利用空气动力学原理,汽车的引擎设计在这个时期出现长足的进步。

第二次世界大战让汽车制造厂商投入军事车辆及机械的制造,汽车外观并无明显演变,几乎无造型可言的吉普车的出现完全是基于实际的需要。Packard 汽车公司共制造 7 种时速可达 100 mile 的高性能 Packard Speedster 汽车,被视为当时豪华汽车的代表。当时全球市场上有 15 家厂商制造豪华型汽车,Packard 就占了 50% 的市场。Franklin Sport Runabout 汽车公司自 1902 年至 1934 年在纽约州的雪城生产汽车,引擎开始使用空气冷却系统。

第四阶段,1946—1959 年,随着喷气飞机时代的来临,汽车造型也趋向更低、更长、更宽,并在车后加上大大的尾翅。

这个时期的汽车造型有两大特色,一是车身的防撞设计,一是尾翅造型。20 世纪 50 年代美国最具特色的汽车是家庭式旅行车,象征着郊区家庭的美好生活。这个时期,福特雷鸟汽车曾是公司跑车的代言者。1955 年公司生产的雷鸟 8 缸双人座敞篷跑车,车顶为活动纤维玻璃,其华丽造型获得了高度评价,后因其控制轻巧,又被喻为私人车的象征。1958 年,美国汽车制造厂商专为纽约国际汽车展览设计了一款只有 1 辆的 Dual Ghia100 原型汽车,具有 400 马力(294 kW),最高速度为 140 mile/h(224 km/h),并配有当时车迷所梦想的盒式磁带汽车音响。

Packard 高速汽车

家庭旅行车

第五阶段,1960—1979 年,消费者抛弃以往强调越大越美的汽车造型,传统而保守的造型蔚然成风,以甲壳虫汽车为代表的小型汽车大为流行。

一些价格合理的小跑车如 Mustang 和 Corvette 等普遍受到欢迎,小型汽车市场开始增长。美国三大汽车公司都有此类产品推出,1964 年福特野马跑车率先掀起小型车的革命。美洲豹 E 型汽车以玲珑的流线型外型赢得消费者青睐。当捷豹 XKE 汽车第一次在 1961 年纽约国际汽车展览出现时立刻造成轰动。这款双人座双门敞篷车速度高达 150 mile/h (240 km/h),而它创新的独立后悬挂系统使其在当年的车展上备受宠爱。

第六阶段,1980—2000 年,从 80 年代起,美国汽车工业几乎难以招架日本汽车工业的凌厉攻势,日本的本田、日产、三菱和富士公司相继在美国设厂。

美国汽车工业为了与日本汽车进行竞争,又不断推出新造型汽车,被称为小型箱式车(minivan)的客货两用轻型汽车一举成为最受家庭喜爱的车种,这种汽车的外型更接近于普通小汽车,只是车厢后部增加了可以放置物品的空间,约占车厢的 1/3,驾驶时的感觉也与普通小汽车类似。而家庭轿车、双门轿车、跑车也都讲究流线型设计,一改近 20 年的直线设计。90

年代,多功能车又独领风骚,因为很多美国人喜欢有载货和越野功能而又可以做代步工具的汽车。从 20 世纪初开始,美国汽车工业在与同行的激烈竞争中不断创新发展,迎合消费者对汽车造型的性能的需求,主宰了世界汽车工业,美国成为名副其实的汽车大国。在这一过程中,美国通用汽车公司不仅成为世界最大的汽车公司,也成为世界上首屈一指的跨国集团(通用公司 1993 财政年度销售额为 1336 亿美元,约等于同年中国国民生产总值的 45%。它消耗了美国 10% 以上的钢铁、25% 以上的橡胶),直到今天仍没有第二家汽车公司可以取代它的霸主位置。

捷豹 XKE

小型箱式车

1.2.3 日本汽车工业的发展

日本的汽车工业发展以及汽车文化发展是在一个良好的体制和科学的环境下日渐成长的,日本在第二次世界大战后国内各个领域遭受重创,然而在短短的几年间,日本的工业又一次崛起,战后 10 年,日本的电子业成为全球领先行业,又在短短的几十年间,丰田、本田、日产成为全球知名汽车品牌。

直到 2012 年,丰田夺回全球销量第一席位,丰田汽车公司发表的统计数据显示,包括旗下的大发汽车和日野汽车在内,丰田汽车在 2012 年的销售量达到 970 万辆;而通用汽车公司一年的销售量统计报告显示,全球销量比 2011 年增加了 2.9%,为 929 万辆;德国大众由于中国市场的强劲增长,销售量增加了 11.2%,达到 907 万辆,日系、德系、美系的成绩显而易见。

太古里 1 号

从 1904 年吉田真太郎成立日本第一家汽车厂——东京汽车制造厂并生产出第一台日本国产汽油轿车"太古里 1 号"算起,日本汽车工业已经走过一百多个年头。这一百多年的历史,可以简单地划分为四个发展阶段。

第一个阶段,第二次世界大战以前是日本汽车工业的萌芽期。

这一时期日本人开始造车,政府也开始意识到汽车产业的重要性,并出台政策进行扶持。1936 年,汽车制造行业法正式在日本国内开始实施,日本汽车真正国产化的序幕由此拉开。

第二个阶段,第二次世界大战后的 20 年(1945—1965)是日本现代汽车工业的基础阶段。

日本经济在经历了第二次世界大战的毁灭和战后 10 年的复苏之后,在 1955 年进入高速发展阶段。汽车产业也在这一段时间打下了坚实的基础。公务车比例稍有下降,出租车加快发展,私人用车开始起步。

第三个阶段,1965—1975 年是日本汽车工业从普及到过渡的 10 年。

这一时期是日本汽车工业发展的关键,1967 年日本超过德国而成为第二大汽车生产国,国内汽车销量首次超过百万辆。1970 年,日本国内汽车销量达到 238 万辆,千人平均保有量达到 170 辆。比 1950 年增加了将近 60 倍。在这段时间,普通劳动者成为汽车的主流买主,汽车不再是社会地位的象征而成为代步工具;20 世纪 70 年代的石油危机重创了欧美车商,但是却让推崇小排量车的日本车企从中受益。1976 年,日本汽车出口达到 250 万辆之多,首次超过国内销量。

第四个阶段,1975 年以后是日本汽车市场的成熟期。

20 世纪 70~80 年代,日本经济的增速放缓,经济增长率保持在 4‰~5‰左右。从 1975 年开始到 1988 年,日本汽车市场的增长速度也开始减缓,年销量在 300 万辆左右,每年的增幅不大;相反,出口依然强势。

1.2.4　法国汽车工业的发展

在汽车发展史上,法国有着自己独特的地位。早在 1769 年,法国陆军工程师古诺就在政府的支持下试制成功了世界上第一辆具有实用价值的蒸汽汽车,从而引发了世界性的研究和制造汽车的热潮。但随后到来的法国大革命却让法国的汽车研究中断了几十年,直到 1828 年,巴黎技工学校校长配夸尔制造了一辆蒸汽牵引汽车,其独创的差速器及独立悬挂技术至今仍在汽车上广泛应用着。法国出现第一辆汽油汽车是在 1890 年,由标致汽车公司生产。第一次世界大战前,标致汽车公司的年产量达到 1.2 万辆,到 1939 年时年产量达 4.8 万辆。而 1915 年创办的雪铁龙汽车公司发展更快,在 20 年代初年产量就突破 10 万辆。另一创办于 1898 年的大型汽车厂雷诺汽车公司发展也很快,1914 年便形成了大规模生产,第一次世界大战期间更是因军火生产而筹集了大量资金用于汽车生产。

蒸汽牵引汽车

第一台标致车

第二次世界大战期间,雷诺公司为德国法西斯效劳,为德国军队提供大量坦克、飞机发动机和其他武器。第二次世界大战结束后,雷诺公司被法国政府接管,路易·雷诺也被逮捕。在政府支持下,雷诺兼并了许多小汽车公司,1975 年汽车年产量超过了 150 万辆,成为法国第一大汽车厂商。标致汽车公司的产量也在战后 20 年内猛增十几倍,一跃成为法国第二大汽车公司,20 世纪 80 年代更是超过雷诺而登上榜首。雪铁龙汽车公司则因经营不善而被标致汽车公司于 1976 年收购。进入 20 世纪 80 年代,世界性的经济危机使法国汽车工业受到了一定的挫折,雷诺公司更是连年亏损,1984 年产量急剧下降到 30 万辆,但几年后雷诺公司便恢复了元气,1999 年,雷诺收购日产汽车 36.8% 股权,成为日产汽车的大股东,组建了雷诺-日产联盟。雷诺-日产联盟的双方合作密切,缔造了全球优异的销售业绩,拓展了双方在新市场的业务,更让雷诺-日产联盟跻身于世界前五大汽车集团之列。

法国汽车的总体特点就是车体较小而设计新颖,符合大众化的方向,因此在西欧成为家庭轿车的热门。

雷诺工厂

法系小车

但是在豪华车、跑车领域,法国汽车公司就不如美、德、日等国汽车公司出色,这成为法国汽车业的遗憾。

汽车产业是法国的经济支柱之一,在历史上曾经为法国带来过一个个辉煌,也曾经把法兰西的浪漫文化传播到全世界。2006 年法国汽车总产量为 317 万辆,位居世界第六位,比 2005 年减少了 10.7%。法国汽车工业产值达 920 亿欧元,占国民经济总产值的 15%;雇员总数约 150 000 人;出口额占汽车产值的 70%。法国拥有 13 家汽车制造厂商,其中包括两大本土企业:标致-雪铁龙集团和雷诺集团,以及大众、福特、菲亚特、戴姆勒、丰田、宝马和尼桑等国外厂商。法国本土汽车厂商在汽车市场占主导地位。

1.3　我国汽车工业的发展

机械制造业是一个国家的基础行业,是国民经济发展的支柱行业,直接体现了一个国家的生产力水平,是区别发展中国家和发达国家的重要因素之一。而汽车工业是机械制造业中重要的组成部分,能体现出一个国家的机械制造能力,代表着一个国家的工业水平。但凡汽车工业发达的国家,其机械制造能力也是处于世界领先水平的,例如德国、美国、日本。中国汽车工业目前处于高速发展阶段,但与世界顶尖国家还有一定的差距。

回顾我国工业发展史,重工业一直被作为我国工业建设的中心加以重视。改革开放伊始,汽车工业发展即受到国家高度重视,并在产业政策上给予了强有力的指导,使我国汽车工业发展步入了快车道。我国汽车工业的发展经历了三个重要阶段。

第一阶段是 1978—2000 年。

1992 年,党的十四大确立了汽车工业为我国国民经济的支柱产业,之后几届党的全国代表大会上连续提出大力振兴汽车产业的指导方针。为改变汽车产业缺重少轻的局面,国家先后启动重型车和轻型车技术重大引进项目;为填补轿车发展空白,中央做出"轿车可以合资"的决定;1994 年,为引导汽车工业健康发展,国家颁布《汽车工业产业政策》。这一时期,汽车工业逐步完成了体制机制由计划经济向社会主义市场经济的转变,实现了发展方式由相对封闭向自主发展与开放合作相结合的转变,形成了商用车、乘用车协调发展的产品格局,改写了"缺重少轻、轿车基本空白"的历史。

第二阶段是 2001—2008 年期间。

这一阶段轿车进入家庭被正式纳入国家"十五"规划。2001 年中国加入世界贸易组织（WTO），汽车产业发展外部环境发生了显著变化，为适应入世后汽车产业发展面临的新形势，促进产业结构调整升级，2004 年国家颁布实施了《汽车产业发展政策》，推动汽车工业步入快速发展轨道。这一时期，汽车工业实现了产业资本由国家主导向资本多元化的转变，形成了有利于激发产业活力的国家资本和民营资本并存和有效利用外资促进规模化发展的产业格局。

第三阶段是 2009 年至今。

为应对国际金融危机影响，稳定汽车消费，加快结构调整，增强自主创新能力，国务院颁布《汽车产业调整与振兴规划》；2011 年，在国家《工业转型升级规划》中，对汽车工业加快技术创新、产业链升级、发展新能源汽车提出要求；2012 年，《节能与新能源汽车产业发展规划》发布，提出了到 2020 年的发展目标、路径和保障措施。

汽车工业发展离不开国内外的大环境，离不开社会进步和相关产业发展的支撑。3 个重要的发展阶段，折射出我国汽车工业发展的主要轨迹和历史跨越，大大缩小了我国汽车工业与汽车制造发达国家的差距，形成了具有中国特色的汽车产业体系，产销规模位居世界前列。当前，汽车工业进入了转型升级、谋求由大到强的新阶段，全行业将着力在自主创新、发展中国品牌汽车事业、节能与新能源汽车发展、"走出去"，以及构建和谐汽车社会等方面做出积极努力。

为适应经济全球化大潮，汽车企业国际化运营不断深入。全球性的生产、销售、采购和研发，越来越多地为国内企业所采用；跨界的兼并重组、资源整合、合资合作方兴未艾；到海外建立研发中心、生产基地的全球化趋势日益明显。截至 2012 年，奇瑞公司在海外的工厂扩展到 17 家，长城公司在海外的工厂已近 20 家。一汽、上汽、北汽，以及万向集团均在海外建厂，吉利公司斥资 18 亿美元成功全资收购沃尔沃。整车和零部件并购整合方面取得成效。同时，整车进出口总量保持快速增长态势。企业在国际化管理、文化融合等方面积极探索，成效显著。目前，行业重点骨干企业基本形成了国际化开放式的发展模式，外向型经济水平不断提升，我国汽车工业在全球汽车产业中的地位和作用日益增强。

1.4 汽车史上的三次重大变革

从卡尔·本茨制造出的具有 18 km/h 速度的第一辆三轮汽车，到现在加速到 100 km/h 只需要 2~3 s 的超级跑车，一百年来，汽车业经历了三次变革：1914 年美国福特汽车公司安装汽车装配流水线，带来了汽车工业史上的第一次变革；20 世纪 50 年代第二次世界大战后的经济繁荣使汽车业进入了前所未有的黄金时期，给汽车带来了第二次变革；到 20 世纪 60 年代末，日本汽车工业出现奇迹，物美价廉的汽车给汽车工业带来了第三次变革。

1.4.1 第一次变革——流水线大批量生产

1908 年，亨利·福特等人结合其他的设计理念，制造了一种新型汽车即 T 型汽车。该车采用了许多先进的制造技术及材料，用于简化生产过程，降低成本，使汽车能适应较为简陋的乡村条件。1914 年，亨利·福特将泰勒的流水生产线技术运用到汽车制造上，这种技术被后人称为装配线。装配线不仅有助于在装配过程中通过生产设备使零部件连续流动，更有助于对制造技术进行分工,把复杂技术简单、程序化。

亨利·福特用一种新的社会组织制度和生产设备将汽车工业带入大批量生产的时代,这是汽车发展史上的第一次变革。

到 1914 年,福特汽车已经能够在 90 min 内从无到有地组装一辆汽车,年产量猛增到 30 万辆。大批量生产使得 T 型汽车的成本,由原来的 800 美元降至 500 美元。1916 年,T 型汽车年产量达 50 万辆,福特公司已经控制了美国乃至世界各地的汽车市场,全球几乎有一半汽车是 T 型汽车。

1920 年 2 月 7 日,福特公司每分钟生产一辆汽车的目标实现了。

福特流水线

1.4.2　第二次变革——多样化品种

汽车产品的多样化时期是 1950—1970 年。此时期欧洲厂商也开始实行"量产化"。另外,欧洲厂商具有卓越的产品设计能力,生产出各式各样的跑车,转而销往美国,从而出现欧美两霸并存的局面。

20 世纪 50 年代早期,当欧洲经济开始恢复的时候,由各式小型汽车厂家组成的汽车工业,只占世界汽车生产的 13.8%,而北美却占 85.1%。后来,欧洲汽车厂商改进国内生产的产品,以适应各国不同的市场情况。如意大利,国民收入低,燃料税率高,人们集中生活在街道狭窄、停车条件受限制的古老城市,这些条件结合起来导致消费者需求集中在小型汽车上。在瑞典,燃料税低,国民收入高,城市人口密度小,冬天的驾驶条件恶劣,消费者要求大而耐寒的车辆,耗费更多的燃料也在所不惜。当时的许多欧洲制造厂商也在寻求针对不同设计要求的多样化技术方案。有的偏爱功率大的发动机,有的设计别出心裁的汽缸,有的使用后置式发动机,也有的集中研究前悬挂式发动机和后轮驱动。竞争的领域不仅表现在组合车身的设计上,连柴油发动机和汽油发动机也在其中。

多样化汽车

与此相反,北美的汽车生产已经标准化,他们的产品有 6～8 个汽缸,前置发动机后轮驱动,烧汽油,采用车架上安装底盘的汽车,目的在于扩大汽车的生产批量,求得更大的经济利益。美国人甚至认为,欧洲的多样化产品是一种挣扎,大量的小型生产厂家在市场上根本不可能获得批量生产的优越性。

20 世纪 70 年代,整个欧洲市场与北美市场具有同等规模,而欧洲以多样化的汽车产品占据世界市场,1950—1973 年,全世界的关税戏剧性地下降,又有更多的国家对外开放,进行相对自由的贸易,于是欧洲车很快占据了优势。此间,美国生产的汽车体积大,耗资多,不适合世界上其他市场的消费者。这也从反面为欧洲车的风行创造了可能。欧洲人利用这个机会把触角伸向了世界各地。欧洲人生产的中低档车如"甲壳虫",成为美国市场的走俏产品。1958 年,欧洲车占美国市场的 8.1%,到 1970 年上升为 10.5%。

1973 年以后,由于受两次世界石油危机的影响,同时,西欧国家已基本普及汽车,东欧经济又出现停滞状态,汽车需求增长势头锐减,欧洲汽车工业进入了徘徊和低速增长状态。

福特水银

甲壳虫(设计图)

1.4.3　第三次变革——精益生产方式的形成

汽车产业的第三次变革起源于 20 世纪 60 年代中期,由日本汽车厂家发起。早在 1929 年,丰田喜一郎就曾访问过福特公司,21 年后,当时还是年轻工程师的丰田英二踏着堂兄的足迹再次来到福特公司,滞留了三个月之久。回国后他在给丰田总部的报告中写道:"那里(福特公司)的生产体制还有改进的可能。为追赶欧美的汽车工业,在战争废墟中站起的丰田公司决定要全面生产轿车和商用载货汽车。然而,却面临着众多的困难:一是日本的国内市场很小,且市场需求存在多样化状态;二是战争结束后,颁布的新劳工法加强了工人的地位,提高了工人的待遇;三是经历战争摧残后的日本经济不具备大量购买欧美最新生产技术的资金和实力;四是已具相当汽车生产实力的欧美各国正在大肆进军日本汽车市场,并防止日本的汽车出口。基于以上原因,丰田英二和时任丰田公司总设计师的大野耐一得出相同的结论:大量生产方式不适合日本。

就在这种内忧外患的局面下,丰田英二和在生产制造方面富有才华的大野耐一探索出独特的、令世界耳目一新的丰田生产方式,即精益生产方式,具体是指将汽车生产过程的各个环节联系在一起,组成一个完整体系,以"精益思想"为根基,寻求"消除一切浪费,力争尽善尽美"为最佳境界的新的生产经营体系。这一体系从产品计划开始,并在制造全过程,将协作系统的协调一直延伸到用户,即以"在必要的时间按必要的量生产必要的产品"为理念精髓,以不断地降低成本、无废品、零库存和无止境的产品更新为追求目标,丰田公司也因此享誉全球。

丰田精益生产方式图解

丰田精益生产车间

第2章　汽车外形及色彩

2.1　汽车外形

2.1.1　影响汽车外形的因素

汽车外形的确定受三个基本要素,即机械工程学、人机工程学和空气动力学的影响。前两个要素在决定汽车构造的基本骨架上具有重要意义,特别是设计初期,受这两个要素的制约更大。

机械工程学方面的任务,主要是就汽车的形式和耐用性进行研究,一方面包括发动机、变速器等内部结构的设计,另一方面要考虑发动机、变速器、车轮、制动器、散热器等装置如何在车体内进行布置。这些设计决定后,可根据发动机、变速器的大小和驱动形式确定大致的车身骨架。如果是大量生产,则要强调降低成本,车身钣金件冲压加工的简易化,同时兼顾到维修使用。

人机工程学方面的任务,主要是就汽车的行驶安全性和舒适性进行研究。因为汽车是由人驾驶的,应确保乘员的空间,保证乘坐舒适,驾驶方便,并尽量扩大驾驶员的视野。此外,还要考虑上下车方便并减少震动。这些都是设计车身外形时与人机工程学有关的内容。

机械动力学

空气动力学

空气动力学的任务,主要是针对如何减小高速行驶汽车的空气阻力进行研究。近年来,由于发动机功率增大,道路条件改善,汽车的速度显著提高,在确定汽车外形的时候,来自外部的制约条件即空气动力学要素则显得尤为重要。因此,必须在车身外形上下功夫,尽量减小空气阻力。空气阻力大致与车速的平方成正比,分为由汽车横截面面积所决定的迎风阻力和由车身外形所决定的形状阻力。除空气动力外,还有升力问题和横风不稳定问题。这些都是与汽车造型密切相关的空气动力学问题。

当然,汽车的外形设计不仅仅取决上述三个要素,还要考虑其他因素。例如,商品学要素对汽车的设计就有一定的影响。从制造商的角度出发,汽车的外形能强烈刺激顾客的购买欲是最有利的。但是无视或轻视前面所述的三个要素,单纯取媚于顾客的汽车造型是不长久的,终究要被淘汰的。此外,不同的国家,不同的厂家,乃至不同的外形设计者,所设计的外型都有各自的特色,这对汽车造型也有不小的影响。同一国家的不同厂商,也各具自己的风格。但这都不是决定汽车外形的根本因素,只不过是表现手法上的微妙不同。自汽车问世以来,人们就一直追求满足功能要求的理想造型。

2.1.2 汽车外形的演变

1886年德国工程师卡尔·本茨在曼海姆成功制造了一辆装有624.75 W汽油机的三轮车,拉开了汽车现代史的帷幕。在此后的一百多年内,汽车无论是从车身造型,还是从动力源或底盘、电气设备来讲,都有了翻天覆地的变化。其中最富特色、最具直观感的当属车身外形的演变。

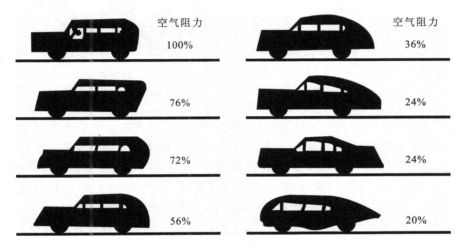

车身外形与空气动力学

1. 马车形汽车

从19世纪末到20世纪初,世界上相继出现了一批汽车制造公司,除戴姆勒和奔驰各自成立了以自己名字命名的汽车公司外,还有美国的福特公司、英国的劳斯莱斯公司、法国的标致和雪铁龙公司、意大利的菲亚特公司等。当时的汽车外形基本上沿用了马车的造型,因此被人们称为无马的"马车"。

1886年1月29日卡尔·本茨试制成功世界上第一辆单缸发动机三轮汽车,该车现保存在慕尼黑的汽车博物馆,同时他也为这辆三轮车取得了帝国专利证书,奔驰汽车公司获得"汽车制造专利权"。同时,在德国西南部,与卡尔·本茨互不相识的戈特利伯·戴姆勒,为了庆祝妻子艾玛43岁生日,将立式发动机安装于马车上,第一辆戴姆勒汽车即告诞生。1894年,法国标致汽车公司生产出第一辆四轮汽车。1896年的春天,第一辆福特汽车诞生。

2. 箱形汽车

从外形上看,马车形的汽车很难抵挡风尘的侵袭。于是,在1915年,美国福特汽车公司设计、生产了一种新型车身,这种车从整体上看是四方形,很像一只大箱子,并装有门和窗,实际上只是在原来的马车车身上做了轻微的改进,人们把这类车称为箱形汽车。早期的箱形汽车以美国的福特T型汽车最为出名,年产量达到30多万辆,占美国汽车总量的70%～80%。

美国通用汽车公司的雪佛兰汽车生产部看准了用户多样化的要求,于1928年制造出在散热器罩、发动机通风口和轮罩上增加豪华装饰的汽车,从而博得了用户的喜爱。

箱型车重视人机工程学,内部空间大,乘坐舒适。但是随着生活节奏日益加快,人们对车速的要求也越来越高,箱形车作为高速车来讲,其阻力大,阻碍了前进的速度,所以人们开始研究更具流线型的车型。

马车形汽车

箱形汽车

3.甲壳虫形汽车

1920年,德国科学家波尔舍·亚莱通过实验证明,一件物体的空气阻力与物体的形状、迎风面积,以及前进速度有关,为了减小空气阻力,人们开始致力于流线型车身的研究。

1934年美国的克莱斯勒公司生产的气流牌汽车,首先采用了流线型的车身外形。但该车在最初展出时,由于设计周期长而引起"设计存在问题"的传言,再加上当时该车的外形还未被大众所接受,销售业绩极其惨淡,但该车型的诞生标志着汽车流线型时代的开始。

1936年,福特公司在"气流"的基础上,加以精炼并吸收商品学要素成功研制出林肯和风牌流线型汽车,该车的引擎盖设计精炼并具有动感,俯视车身呈纺锤形,很有特色。受其影响而先后设计出的流线型汽车有1937年的福特V8型汽车、1937年的菲亚特汽车和1955年的雪铁龙汽车等。

流线型车身的大量生产是从德国的大众汽车开始的。波尔舍于1931年画出了甲壳虫的草图,1935年制造出第一辆样车。由于第二次世界大战的影响,甲壳虫汽车直到1949年才真正开始大批量生产,并开始畅销世界各地,1981年底,第2000万辆甲壳虫汽车在墨西哥的大众分厂开始下装配线,同时打破福特T型汽车的产量纪录而著称于世。"甲壳虫"这个名字第一次出现是在1938年7月3日的《纽约时报》杂志上,美国人认为这辆车像一只可爱的小甲壳虫。从1967年起,这种车在德国正式被称为"甲壳虫"汽车,而之前该车一直被称为"大众Ⅰ型"汽车。

甲壳虫汽车

4. 船形汽车

美国福特公司经过几年的努力,于 1949 年推出具有历史意义的新型福特 V8 型汽车。这种车型改变了以往汽车造型的模式,使前翼子板和发动机罩、后翼子板和行李厢罩分别融于一体,大灯和散热器罩也形成了一个平滑的面,车室位于车的中部,整个造型很像一只小船,所以人们把这类车称为船形汽车。

福特 V8 型汽车　　　　　　　　　　　**红旗 HQD 船形汽车**

福特 V8 型汽车的成功,不仅仅在外形上有所突破,而且还首先把人机工程学应用在汽车的设计上。强调以人为主体的设计思想,也就是让设计师置身于驾驶员乃至乘员的位置,来设计便于操纵、乘坐舒适的汽车。

船形汽车不论从外形上还是从性能上来看都优于甲壳虫汽车,并且还解决了甲壳虫汽车对横风不稳定的问题。这是因为船形汽车发动机前置,汽车重心相对前移,而且加大了行李舱,使风压中心位于汽车重心之后,遇到横风就不会摇头摆尾。从 20 世纪 50 年代开始一直到现在,不论是美国还是亚欧大陆,不管是大型车或者中、小型车都采用了船形车身的设计。从而船形造型成为世界上数量最多的一种车型。

5. 鱼形汽车

船形汽车尾部过分向后伸出,形成阶梯状,在高速时会产生较强的空气涡流。为了克服这一缺陷,人们把船形车的后窗玻璃逐渐倾斜,倾斜的极限即成为斜背式。由于斜背式汽车的背部像鱼的脊背,所以这类车被称为鱼形汽车或者是斜背式汽车。

1952 年,美国通用汽车公司的别克牌轿车开创了鱼形汽车的时代。1964 年美国的克莱斯勒顺风牌汽车和 1965 年的福特野马牌汽车都采用了鱼形造型。如果仅仅从汽车背部形状来看,鱼形汽车和甲壳虫汽车是很相似的,但如仔细观察,会发现鱼形汽车的背部和地面所成的角度比较小,尾部较长,围绕车身的气流也就较为平顺些,所以涡流阻力也相对较小。

鱼形汽车

另外鱼形汽车基本上保留了船形汽车的长处,车室宽大,视野开阔,舒适性也好,还增大了行李厢的容积。但鱼形汽车同时存在着一些致命的弱点:一是鱼形汽车的后窗玻璃倾斜太严重,致使玻璃的表面积增大了 1~2 倍,强度有所下降,产生了结构上的缺陷;二是当汽车高速行驶时汽车的升力较大,车轮附着力减小,加之鱼形汽车发动机前置,车身重心相对前移,从而抵挡不住横风的吹袭,易发生偏离的危险。鉴于鱼形汽车的缺点,设计师在鱼形汽车的尾部安上了一个上翘的"鸭尾巴",以此来克服一部分空气的升力,这便是"鱼形鸭尾式"车型。

6. 楔形汽车

为了从根本上解决鱼形汽车的升力问题,人们设想了种种方案,最后终于找到了一种楔形设计方案。研究楔形的结构可以发现,车身前部呈尖形且向下倾斜,高速行驶时的空气流可在前轮产生向下的压力,防止后轮"飘起"。这种造型最大限度地解决了升力问题,使汽车的行驶稳定性有了显著的提高。个别车型的尾部甚至采用了"鸭尾式"造型,它利用车顶流动的空气在鸭尾部产生向下的作用力来增大后轮的附着力。目前,各种超级跑车基本上都采用了楔形车身的设计,世界各大汽车生产国也都开发带有楔形效果的乘用车。

兰博基尼雷文顿　　　　凯迪拉克埃尔多拉多

1963年斯蒂倍克·阿本提第一次设计了楔形小客车。但阿本提生活在船形车盛行的时代,楔形与常见的船形外形形成尖锐的对立,因此未能在引导车身外形向前发展上起到实质性的作用。直到1966年,通用公司的奥兹莫比尔·托罗纳改进和发展了楔形汽车,1967年楔形又为凯迪拉克在高级轿车埃尔多拉多汽车上所用。

法拉利 F40

20世纪70—80年代以意大利为代表的跑车有1971年的日内瓦车展上首次亮相的兰博基尼·康塔什,1987年在法兰克福车展首次亮相的法拉利F40,它们都是典型的楔形造型。楔形造型简练、动感,符合空气动力学,满足了现代人的主观要求,外形清爽利落、简洁大方,具有极强的现代气息。

7. 子弹头形汽车

人类追求至善至美的心态是永不满足的,汽车外形发展到楔形以后,轿车的升力问题基本上得到了解决,但人们又从改变轿车的基本概念上做起了文章。于是,出现了一种崭新的轿车——多用途轿车(MPV)。

MPV

这种车型酷似子弹头,因此,国内人们把它称为子弹头形汽车。从源头上讲,MPV是由旅行轿车逐渐演变过来的,是 mini-passenger van 的缩写,意为小型乘用厢式车,后来由法国雷诺公司对这种车型进行了改进,把折叠的概念引入了第二和第三排座椅,所以在那之后MPV又有了新的含义——multi-purpose vehicle,强调了多功能性,是集轿车、旅行车和商务车于一身的车型。MPV在外型上集流线型和楔形于一身,表现出未来主义的艺术倾向,线条流畅,色调温和,动感性强,具有鲜明的时代气息和时尚风格。由于 MPV 的前挡风玻璃倾斜度很大,外形圆滑,因此风阻系数小于 0.3,非常利于车速的提高。

随着时代的发展,文化生活水平的提高,用户对汽车已不单单要求要满足力学性能,对汽车车身的审美意识也已提高到一个很高的层次。近年来,在国内外举办的车展上,多种多样的车身外形在人们面前展示了一个五彩缤纷的艺术世界。

2.2　汽车的颜色

人类世界充满了色彩,色彩在人类生活中占有相当重要的地位。色彩满足了人类的审美需求,美化了人类的生存环境。对于没有色彩的世界,我们是无法想象的。

一般情况下,人们对汽车颜色的选择多是从美观角度来考虑。但事实上却是汽车颜色与交通安全密切相关。有些颜色在汽车遇到紧急情况时,起到加剧肇事的副作用;相反,有一些颜色却从某种程度上减少或者遏制车祸的发生。

2.2.1　车身颜色的选择原则

1. 视认性好的颜色安全性强

1) 颜色的进退性

颜色的进退性,即颜色是前进色还是后退色,例如,有红色、黄色、蓝色、绿色共 4 部轿车与观察者保持相同的距离,但是看上去似乎红色车和黄色车要离观察者近一些,而蓝色和绿色的轿车看上去离观察者较远。这说明了红色和黄色是前进色,而蓝色和绿色就是后退色。一般来讲,前进色的视认性较好。

2) 颜色的胀缩性

将相同车身涂上不同的颜色,会产生体积大小不同的感觉。如黄色汽车感觉大一些,黄色有膨胀性,称膨胀色;而同样体积的蓝色、绿色汽车感觉小一些,蓝色、绿色有收缩性,称收缩色。膨胀色与收缩色视认效果不一样,据日本和美国车辆事故调查,发生事故的轿车中,蓝色和绿色的最多,黄色的最少,可见,膨胀色的视认性较好。

车身颜色进退性

车身颜色胀缩性

3) 颜色的明暗性

颜色在人们视觉中的亮度是不同的,可分为明色和暗色。红、黄为明色,暗色的车型看起来觉得小一些、远一些和模糊一些。明色的视认性较好。从安全角度考虑,轿车以视认性好的颜色为佳，有些视认性不太好的颜色，如果进行合理搭配，也可提高其视认性，如蓝色和白色相配，效果就大为改善；荧光和夜光漆能增强能见度和娱乐气氛，因而广泛应用于各种赛车、摩托车等，但对于轿车来说，目前选用这类颜色的仅限于概念车。由于荧光颜色过于强烈，因此在未来应用中必须有适当的管理规则来加以控制。

车身颜色明亮性

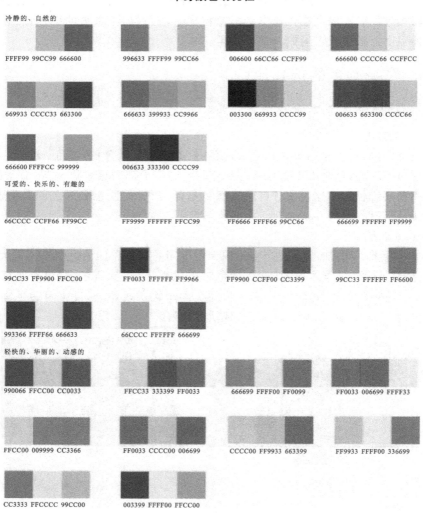

车身颜色明亮性

2.2.2 内饰颜色选择及搭配

汽车内饰的颜色也会影响车内人的驾驶安全和乘坐心情,不同的颜色会对驾驶员的情绪产生不同的影响。

全黑内饰乍一看很沉闷,但是坐进车内之后,整齐的黑色风格中控台,碳纤维饰板,黑色真皮运动座椅,再搭配泛着金属光芒的铝制排挡,非常动感。不过,全黑内饰上的灰尘非常明显,需要经常擦拭;黑色的真皮座椅,如不加强保养,就容易显得光泽度不够,质感较差。使用时间长了,真皮座椅不可避免出现的细小裂纹,相对于其他颜色,黑色皮椅显裂纹的劣势较为突出。

黑红混搭代表热力十足。红色通常给人刺激、热情、积极、奔放和力量的感觉,还有庄严、肃穆、喜气和幸福等。黑色的内饰加上火红的运动座椅,或者红色的中控台加上全黑的打孔真皮座椅,这样的混搭风格,现在正成为一些运动型轿车主流的内饰风格。这样搭配让人坐进车内的那一刻,被激发起强烈的驾驶冲动。

黑色内饰

黑红色内饰

棕米搭配新鲜,棕色中控台没有黑色的深沉,但却和黑内饰一样避免了反光;米色看着整洁又舒心,确实会让经济型车有了高端车的感觉。不过棕米搭配还是有不足的,那就是米色布绒或皮质座椅太易脏,不易打理。且米色顶棚也容易积灰尘,不好清洁。

棕米色内饰

随着时下越来越多的个性化小车的流行,蓝色加上白色,成为一些个性车主的选择。这样的拼色让车厢充满了青春的风格,明快而清新,特别受年轻人的青睐。不过,这样的内饰是够个性,但是却不经典耐看,所以蓝色是汽车内饰较少使用的颜色。

选择个性颜色时需要注意:一是尽量少选白色,包括浅白色、乳白色;二是尽量少选择粉色;三是尽量选择车企提供的颜色搭配,不要自行修改,因为车企推出的个性颜色往往经过严格的色谱分析,另类且不影响驾驶,既有品位,又能吸引眼球。

汽车使用的材料从金属到非金属全都有应用,材料是关系到汽车色彩品质的基础。而不同材料在使用同一种颜色时,给人的感觉是不同的,高档车采用的碳纤维或黑色桃木虽然都是黑色,前者体现的是干练的睿智,后者体现的是中庸的内敛,一种是前卫的变化,一种是保守的变化。现在最流行的要属金属铝的使用,这种材料不光用在车身车架上,也悄然使用在汽车内饰上。铝的光泽细腻温柔,又不失现代时尚的特点,越来越为消费者喜爱。

车身及内饰金属材料

第3章 世界著名汽车公司

3.1 欧洲著名汽车公司

3.1.1 德国著名汽车公司

1. 奔驰汽车公司

1) 概述

奔驰汽车公司是世界十大汽车公司之一,创立于1926年6月29日,创始人是卡尔·本茨和戈特利伯·戴姆勒。它的前身是1886年成立的奔驰汽车公司和戴姆勒汽车公司。两家公司于1926年正式合并,成立了戴姆勒-奔驰汽车公司(Daimler-Benz),总部设在德国的斯图加特。现在,奔驰汽车公司除以高质量、高性能的豪华汽车闻名外,也是世界上最著名的大客车和重型载重汽车生产厂家。目前奔驰公司拥有三大汽车品牌,即梅赛德斯-奔驰(Mercedes-Benz)、迈巴赫(Maybach)和精灵(Smart)。

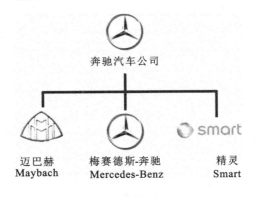

奔驰旗下品牌

2) 创始人

卡尔·本茨(1844—1929),德国著名的奔驰汽车公司的创始人之一,现代汽车工业的先驱者之一,人称"汽车之父"。在中学时期,本茨就对自然科学产生了浓厚的兴趣。并先后就读于卡尔斯鲁厄文理学院和卡尔斯鲁厄综合科技大学。其间,他较为系统地学习了机械构造、机械原理、发动机制造、机械制造经济核算等课程,为日后的发展打下了良好基础。在经历过学徒工、服兵役、娶妻生子等人生经历后,本茨于1872年与奥格斯特·里特合作组建了奔驰铁器铸造公司和机械工场,专门生产建筑材料。由于当时建筑业不景气,本茨的工场经营困难,面临倒闭危险,万般无奈之际,他决定制造发动机获取高额利润以摆脱困境。于是,他领取了生产奥托四冲程煤气发动机的营业执照,经过一年多的设计与试制,于1879年12月31日制造出第一台单缸煤气发动机(转速为200 r/min,功率约为0.7 kW)。不过,这台发动机并没有使奔驰摆脱经济困境,他依然面临着破产的危险,生活十分艰苦。但是,清贫的生活并没有改变本茨投身发动机研究的决心。功夫不负有心人,经过多年努力,1886年1月29日,本茨为他发明的三轮车申请了专利,正是这一日子,被确认为汽车的生日。

卡尔·本茨　　　　　戈特利布·戴姆勒　　　　　威廉·迈巴赫

戈特利布·戴姆勒(1834—1900),德国工程师和发明家,现代汽车工业的先驱者之一。和卡尔·本茨共同被誉为"汽车之父"。1834年3月17日出身于德国符滕堡雷姆斯河畔舍恩多夫的一个手工业工人家庭,父亲是一位面包店老板。1852年,他就读于斯图加特工程学院。少年时代的戴姆勒就对燃气发动机产生了浓厚的兴趣,并开始学习研制奥托式燃气发动机。1872年,戴姆勒设计出四冲程发动机。1883年,他与好友著名的发明家威廉·迈巴赫合作,成功研制出使用汽油的发动机,并于1885年将此发动机安装于木制双轮车上,从而发明了摩托车。1886年,戴姆勒把这种发动机安装在他为妻子43岁生日而购买的马车上,创造了第一辆戴姆勒汽车。

威廉·迈巴赫(1846—1929),1846年2月9日,威廉·迈巴赫出生于德国的海尔布隆,后来全家搬到了斯图加特。威廉·迈巴赫是戴姆勒-奔驰公司的三位主要创始人之一,也是世界首辆梅赛德斯-奔驰汽车的发明者之一。10岁的时候,迈巴赫的父母相继去世,小小的他成为了一个孤儿。幸运的是,在迈巴赫面临生活困难的时候,一家慈善机构在"*Stuttgarter Anzeiger*"报上看到领养启事并答应照顾他。在鲁特林根的兄弟会上学期间,学校的创建者和负责人古斯塔夫·威纳发现了威廉·迈巴赫在技术方面的天赋并很好地培养了他,这为威廉·迈巴赫日后的发展打下了深厚的基础。威廉·迈巴赫一生最大的传奇在于创造了两个举世闻名的豪华品牌:梅赛德斯与迈巴赫,分别在豪华车的不同领域演绎着各自的辉煌。因此他也被誉为"设计之王"。

3) 奔驰汽车标志

1873年,担任奔驰发动机厂技术部主任的戈特利布·戴姆勒,在给妻子寄去的明信片上,信手画上了一颗三叉星以代表他当时的住处,并特别声明:总有一天,这颗吉祥之星将会照耀我毕生的工作。1890年,这颗吉祥星开始用于新成立的戴姆勒公司的产品上。1899年3月,艾米·耶里耐克(当时担任奥地利驻匈牙利总领事和戴姆勒汽车公司管理委员会的委员)驾驶以女儿梅赛德斯名字命名的汽车,在"尼斯之旅"汽车大赛上一举夺魁后,他建议戴姆勒公司生产的汽车都用"梅赛德斯"来命名,戴姆勒欣然同意。1901年,由威廉·迈巴赫设计"Simplex"牌汽车首次采用"戴姆勒-梅赛德斯"作为商标。

1909年,戴姆勒公司将一颗大三叉星和四颗小三叉星及"梅赛德斯"置于圆环之中;1923年,又将三叉星置于发动机散热器之上。从此,这颗吉祥的三叉星迎风傲立,气度高雅,煞是夺目。

1909年6月戴姆勒公司申请登记了三叉星作为轿车的标志,象征着陆上、水上和空中的机械化。1916年在它的四周加上了一个圆圈,在圆的上方镶嵌了4个小星,下面有梅赛德斯"Mercedes"字样。直到1926年,两家历史最悠久的汽车制造业巨头诸多不约而同的行为才合二为一,戴姆勒的梅赛德斯星徽与奔驰的月桂树叶交织出梅赛德斯-奔驰的卓越神话。

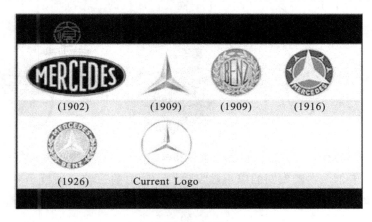

奔驰标志演变

4) 奔驰汽车主要车型

奔驰汽车的型号丰富,不同车型用不同的字母标识。

奔驰汽车的主要车型

标识字母	车型	标识字母	车型	标识字母	车型
A	小型轿车	CLS	轿跑车	R	豪华型 MPV
B	紧凑型旅行轿车	E	行政级轿车	S	高级跑车
C	中型车	GL	豪华型 SUV	SL	中型跑车
CL	高级轿跑车	GLK	中型 SUV	SLK	紧凑型跑车
CLK	中型跑车	M	中大型 SUV	AMG	高性能车

5) 奔驰发展过程中的历史性事件

1883年3月,戈特利布·戴姆勒和威廉·迈巴赫取得了世界上第一台高转速(600 r/min)发动机的专利。

1885年9月,戈特利布·戴姆勒把它的单缸发动机装到双轮车上,制成了世界上第一辆

奔驰全系车型

摩托车。同年10月,卡尔·本茨设计制造了一辆装汽油机的三轮汽车。

第一辆四轮汽车　　　　　第一辆摩托车　　　　　第一辆三轮汽车

1886年3月,卡尔·本茨发明的以汽油发动机为动力的三轮车被授予专利,与此同时,戈特利布·戴姆勒也发明出了他的第一辆四轮汽车。

1889年7月,戈特利布·戴姆勒首先为它的汽车安装上了四挡变速器。1890年6月,戴姆勒汽车公司成立。同年,迈巴赫设计了第一台直列4缸四冲程发动机。

1894年7月,世界首次从巴黎到鲁昂的汽车赛,装有戴姆勒发动机的汽车取得了胜利。1895年5月,世界第一条公共汽车线路开始运营,该运输线路上的汽车采用的是奔驰的发动机。1896年5月,戴姆勒汽车公司成功制造了世界上第一辆货车。戈特利布·戴姆勒为P&L公司制造了世界首台汽车用4缸发动机。

第一台四缸发动机　　　　　　　　第一辆货车

1897年8月,世界首家出租车服务公司在斯图加特将戴姆勒制造的汽车作为出租车,并投入运营。

1901年4月,戴姆勒汽车公司制造的第一台35马力的梅赛德斯跑车赢得Nice-LaTurbie爬山赛冠军。

1902年10月,戴姆勒获得了"梅赛德斯"法定使用权,并将"梅赛德斯"作为其新的商标。

1903年12月,奔驰汽车公司的第一种装有对置式,水冷发动机和传动轴的帕西法尔型汽车制造成功。

1910年11月,奔驰汽车公司开发了第一台4气门发动机。

1914年3月,奔驰制造了第一台汽缸250马力的航空发动机。

1926年6月29日,戴姆勒公司和奔驰公司合并,成立了在汽车史上举足轻重的戴姆勒-奔驰公司,从此

奔驰跑车

它们生产的汽车都命名为梅赛德斯-奔驰。在这之后,公司坚持以生产军用产品为方针,依靠德意志银行建立全德统一的汽车工业。

帕西法尔型汽车

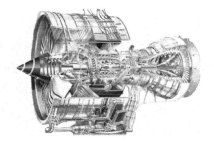

航空发动机

1934年8月,制造了世界上第一辆防弹汽车770K,该车是为希特勒特制的高级轿车,车身用4 mm厚的钢板制成,挡风玻璃有50 mm厚,轮胎是钢丝网状防弹车胎,后排坐垫靠背装有防弹钢板,地板加厚到4.5 mm,整车重量超过5 t,它配有一台排量为7655 mL的V8发动机,可产生100 kW的功率,此车共生产了17辆,大部分都毁于第二次世界大战,仅存的3辆成为稀世珍品。

防弹汽车770K

1936年4月,首次将柴油发动机成功地安装在了轿车上,这使轿车的使用费用大大降低。

1954年,在300SL型汽车上率先使用了汽油喷射装置,该装置成为了淘汰传统汽化器的新科技。

1961年,推出了第一款带有空气悬架的汽车300SE。

1969年9月,在法兰克福汽车展上推出了C111一代试验车,该车采用了三转子的汪克尔

发动机,拥有惊人的 280 马力输出功率。一年之后,又推出了 C111 二代车,和一代不同的是,它采用了带四个转子的汪克尔发动机,具有输出 350 马力的强大动力,使得它具有十分突出的性能。

奔驰 300SE

C111 一代试验车

1972 年,开发了一款全新的豪华车 280SE。随后,这款车被命名为"S-Class"(内部代号 W116),也就是我们熟悉的最早的 S 系列车。

1974 年,推出了世界上第一款搭载 5 缸柴油发动机的汽车 240D3.0。

1978 年,在法兰克福国际汽车展上推出了一款搭载 5L 排量的轻型铝合金发动机的汽车 450slc5.0。

1979 年,凭借着全新开发的"G-Class"进军越野车市场。

1998 年,德国戴姆勒-奔驰公司和美国克莱斯勒公司合并,成为全球化运营的戴姆勒-克莱斯勒集团。

奔驰 280SE

奔驰 G-Class

6)奔驰公司其他品牌

(1)迈巴赫轿车。

迈巴赫品牌首创于 20 世纪 20 年代。被誉为"设计之王"的威廉·迈巴赫不但是戴姆勒-奔驰公司的三位主要创始人之一,更是世界首辆梅赛德斯-奔驰汽车的发明者之一。1919 年,难舍汽车梦想的威廉·迈巴赫与其子卡尔·迈巴赫共同缔造了"迈巴赫"这一传奇品牌,一个象征着完美和昂贵的轿车品牌。

具有传奇色彩的品牌标志由 2 个交叉的 M,围绕在一个球面三角形里组成。品牌创建伊始的2个M代表的是Maybach Motorenbau,而现在2个M代表的是Maybach Manufaktur。

1909年,迈巴赫为著名的齐柏林飞艇设计了高性能且经久耐用的发动机;1919年,他的儿子卡尔·迈巴赫开始设计并制造豪华轿车;1921年,第一辆迈巴赫轿车W1问世。迈巴赫是汽车历史上一个充满传奇色彩的品牌,巧夺天工的设计和无与伦比的精湛的制造技术使它在20世纪初成为代表德国汽车工业最高水平的杰作。德国人凭借自己的聪明才智和精湛的技艺使这一古老品牌迅速恢复昔日的光辉,诠释了迈巴赫这一传奇品牌——象征着完美和奢华的轿车。

由于市场业绩不佳,该公司旗下的超级豪华品牌迈巴赫系列轿车于2013年全面停产。

迈巴赫62S

迈巴赫标志

(2)精灵。

精灵(smart)是奔驰与手表巨头斯沃奇(Swatch)公司合作的产物。名称中的s代表了斯沃奇,m代表了梅赛德斯-奔驰,art意为艺术,代表了双方合作的艺术性;而smart本身就有"聪明伶俐"的含义,也与其品牌理念相契合。

早在20世纪80年代初,戴姆勒-奔驰汽车公司就开始研究汽车与城市交通的关系,做未雨绸缪的探讨工作。他们发现城市道路越来越拥挤,路面资源与汽车数量增长的矛盾将日益尖锐,让城市交通来适应汽车是死路一条,只有让汽车来适应城市交通才是出路。正是从"未来的城市汽车"的观念出发,1994年奔驰汽车公司与斯沃奇公司合资成立MCC公司,合作开发出叫做"SMATCHMOBILE"的超微型紧凑式汽车。后来奔驰与斯沃奇公司突然分手,奔驰接手了斯沃奇公司占有的19%股份,成为唯一的大股东,继续MCC公司的工作。奔驰汽车公司确定超微型紧凑式汽车在法国生产,并定名为"smart"。小巧的造型,配合智能化及人性化的操控设计,令smart的车型如同一个聪明的大玩具,十分惹人喜爱。

1998年10月,精灵基本型在欧洲九个国家市场陆续上市销售。该车车长仅2.5 m,专门开发了一个不多见的三缸发动机,排量仅0.6 L。为了将精灵时速限制在120 km内,发动机喷油装置专门设计了一个控制阀,使喷油装置在车速达到120 km/h时,不再往气缸里喷油。变速器采用先进的无离合器变挡,像自动挡一样的方便。车内平行的两座前后略有错落,使坐在车里的人并没有狭小的感觉。方向盘遇压力时会弹性收缩,以减小碰撞时方向盘对人体的冲击。它的后轮比前轮略宽,这倒不是因为好看,而是不得不加宽后轮以增加行驶的稳定性。

精灵标志

精灵敞篷版

精灵是为城市用车而设计的,它驾驶灵活。由于精灵的创新与技术含量较高,所以价格也不便宜,销售对象一般是那些收入稳定的中产家庭,作为家庭用的第二辆车,甚至第三辆车。

MCC公司大量开发生产轻便的四轮轿车,并开拓了全新的设计理念,生产了多种塑料材质的绚丽车身,让顾客可以像更换手机外壳那样随意变换车身颜色。MCC公司还开了网上销售汽车的先河,摆脱了传统经营方式,把车搬出玻璃展窗直接推向整个欧洲。所有这些,再加上1.3万美元的起价,让公司紧紧抓住了最年轻的汽车消费群体——平均年龄27岁的没有经济压力的年轻人。

MCC公司于2004年7月20日在英国率先推出了新款的精灵四座五门轿车;首批上市的精灵黑色特别版在英国的售价为7995英镑,折合人民币约为103935元。这款车有5种发动机可供用户选择,其中包括奔驰公司制造的2款小排量柴油发动机。而选用的1.1 L 3缸汽油发动机的精灵售价为8995英镑到12370英镑。

精灵全方位展示

2. 宝马汽车公司

1) 概述

宝马汽车公司是驰名世界的汽车企业,也被认为是高档汽车行业的先导。宝马汽车公司创建于1916年,总部设在慕尼黑。近百年的历史中,其由最初的一家飞机引擎生产厂发展成为今天以高级轿车为主导,并生产享誉全球的飞机引擎、越野车和摩托车的企业集团,名列世界汽车公司前20名。宝马汽车公司旗下拥有宝马(BMW)、迷你(MINI)、劳斯莱斯(Rolls-Royce)三大品牌。

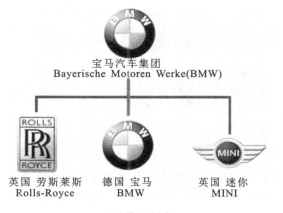

宝马旗下标志

宝马总部

2) 创始人

宝马汽车公司的创始人涉及 3 人，分别是古斯塔夫·奥托、马克思·弗利兹及卡尔·拉普。

1913 年，卡尔·拉普利用慕尼黑近郊一个原本制造脚踏车的厂房，设立了拉普引擎制造厂，从事航空引擎制造。1913 年古斯塔夫·奥托也在附近创立了古斯塔夫·奥托航空机械制造厂，并在 1916 年 3 月 7 日创立了巴伐利亚飞机制造厂（Bayerische Flugzeug Werke，BFW），古斯塔夫事实上就是著名的尼古拉斯·奥古斯特·奥托四行程汽油引擎发明者的儿子。在 1917 年 7 月 20 日古斯塔夫将工厂改名为巴伐利亚发动机制造股份有限公司（Bayerische Motoren Werke GmbH，BMW）。

1922 年宝马汽车公司合并了 BFW，成为今日我们所熟悉的 BMW。1928 年，宝马汽车公司收购了埃森那赫汽车厂，开始生产汽车。

宝马创始人

3) 宝马汽车标志

宝马汽车标志中间的蓝白相间图案，代表蓝天、白云和旋转不停的螺旋桨，喻示宝马汽车公司悠久的历史渊源，象征该公司过去在航空发动机技术方面的领先地位，又象征公司一贯的宗旨和目标：在广阔的时空中，以先进的精湛技术、最新的观念，满足顾客的最大愿望，反映了公司蓬勃向上的气势和日新月异的新面貌。

宝马标志

宝马标志演变

4）宝马汽车主要车型

宝马的车系有1、3、4、5、6、7、i、M、X、Z 几个系列。其中：1 系是小型轿车；3 系是中型车；4 系是中型双门轿跑（含敞篷）；量产版的宝马 4 系基本就是由 4 系 Coupe 概念车转化而来；5 系是中大型汽车；6 系是中大型双门轿跑（含敞篷）；7 系是豪华 D 级车；i 系是宝马未量产的概念车系列；M 是宝马的高性能与跑车版本；X 系是宝马特定的 SUV（运动型多功能汽车）车系；Z 系是宝马的入门级跑车。

宝马汽车车型及其标识

标识数字	车型	标识数字	车型
1	小型轿车	7	豪华 D 级车
3	中型轿车	i	概念车
4	中型双门轿跑	M	高性能与跑车版本
5	中大型汽车	X	运动型多功能汽车
6	中大型双门轿跑	Z	入门级跑车

宝马全系

6 系敞篷轿跑

宝马 i8

5）宝马汽车发展历程

1922 年，宝马研制了第一台摩托车发动机，之后在纽灵堡的 Victoria-Worke 厂房重新制造了一台气冷 500 mL 的两汽缸摩托车发动机和 R32 摩托车，正式展开了业务。1923 年末，宝马特约在慕尼黑生产摩托车，挂有宝马商标的 R32 摩托车则首次在市场中销售。

　　　　R32 摩托车　　　　　　　　　　　两汽缸摩托车发动机

　　1925 年，宝马开始研制汽车，1929 年 7 月，宝马推出首辆汽车 3/15，是将年初生产的 Dixi 3/15 转名来的，宝马的 3/15 一直生产至 1932 年末，历时近 6 年。1932 年 3 月，从 DA23/15 改良而成的 3/20 诞生，它配备一台 782 mL 顶气阀式发动机，新车还用上新的后支架浮动轴悬挂系统，前后轮距 2115 mm。

　　1933 年，在德国的柏林车展上，宝马展示了其最新的 303 型，它是由工程师费迪拿协助完成的，车款从 3/20 演变而来，配用一台并列 6 汽缸、双汽化器，汽缸容积 1173 mL，功率可达 22 kW，车头盖占了车身的一半，两边通风格设计相同，以中线分开，前后轮距 2365 mm，车厢空间充足舒适。303 型之后再生产了 309、315、319、320 及 3231 型，宝马的创作源源不断。

　　1936 年，外型和旧款一样，增大了气缸容积至 1911 mL 的 319 型面市，功率提高至 40 kW，极速也增加至 140 km/h，压缩比为 5.6∶1。

　　　　Dixi 3/15　　　　　　　　　　　　宝马 303 型

　　1937 年，宝马开始制造旅行车，型号为 326 型，并获得成功，它是一款 4/5 门房车，消费对象是中上等收入的家庭，326 也采用双汽化器，功率可达 37 kW，326 型不久成为宝马 6 气缸房车的主力。

　　1939 年的夏天，325 型跑车推出，使得宝马声名大噪，宝马成立了科技中心，将其在飞机工程学上的优势带进汽车工业里，努力扩展在空气动力学上的研究工作，他们根据卡姆教授的理论发展出一台极为流线型汽车的雏型，该汽车雏型被公认为世界第一辆真正符合空气动力学的汽车设计。1945 年，第二次世界大战期间，宝马汽车在慕尼黑的研究中心，几乎所有设施都遭受盟军轰炸变得支离破碎，此次重创后宝马汽车花费 7 年时间才再次投入生产汽车，期间为了生存，宝马甚至生产过厨房用具，企业生命力显得极为脆弱。

宝马 326 型

352 型跑车

战时宝马汽车公司

宝马全面复兴前，在 1945—1947 年期间，曾为一家美国公司做了三年飞机发动机研究和开发工作。1948 年，筹集了足够资金，开始重建了一家摩托车工厂，同时着手开发和研制 R51 摩托车的工作，在不断的努力下，车厂在短短 5 年间便生产了 10 万辆摩托车，因此宝马又可以开始再向汽车之梦狂奔了。

R51 摩托车

宝马 502 型

1952 年 10 月，宝马终于再次投产汽车，制造的汽车是战前的 501 系四门房车，沿用 6 气缸 2 L 发动机，单汽化器，功率可达 48 kW，至于其他设备则是全新，其性能和获得一致好评。

1954 年，宝马推出由 501 型改良的 502 型四门汽车，沿用一台全新 V8 气缸发动机，是战后的一次突破，复原后的宝马立志要在豪华客车、轿跑车和摩托车上创一番业绩。宝马汽车振兴工业行动终于又泛起一片曙光来。

宝马公司在13个国家设有子公司和生产厂，国内有10家子公司。销售的汽车产品有宝马新3、新5、新7和新8系列豪华小轿车。

6) 宝马公司其他品牌——迷你（MINI）

迷你是宝马的一个独立品牌。诞生于1959年的迷你，设计别树一帜，1961年赛车工程师约翰·库珀将赛车血统注入汽车性能内，使实用、别致的小车摇身变成赛车场上的传奇，自此成为英国车坛之宝。

宝马迷你标志

为了吸引不同的客户，迷你汽车还衍生出多种不同的车型，1960年到1964年之间，开发出诸多种类的车，从旅行车、微型客车到皮卡车，各种车型种类丰富。1961年，迷你Cooper问世，赛车设计师约翰·库珀将其演绎得愈加完美，功能更加强大。原先迷你的34马力848cc发动机被55马力997cc发动机所取代，并且首次采用了前轮盘式刹车系统。1963年，配备1071cc发动机的Cooper S车型推出，极速接近100 mile/h，成为一款杰出的赛车。

MINI Cooper　　　　　　　　　　　　**MINI Clubman**

1965年，迷你车的产量首次突破100万辆，1969年则达到200万辆。1971年和1972年迷你年产创下了31.8万辆的最高纪录，总产量也达到了300万辆，1976年达到400万辆。1986年，第500万辆迷你车从英国长桥工厂的生产线驶下。同年，随着罗孚集团入主迷你，公众对迷你品牌更加青睐，特别是在日本，销量从1985年的1000辆猛增到1990年的12000辆。此时正值迷你的30周年庆典。1990年罗孚重新推出了Cooper车型，开始是作为限量车型生产，随后便作为标准车型生产。新型迷你Cooper也迅速成为最畅销的迷你版本。

1994年，宝马控制了罗孚集团，在宝马的有力支持下，1996年英国全新迷你车产量再破百万级大关。1997款迷你和迷你Cooper做了更多的修改，它们共享一台63马力多点燃油喷射1275ccA系列发动机。两种型号车型在英国售价8995英镑（14153美元）。罗孚给予这些迷你车型全新的价格定位，并不是大批量生产的普通小型汽车，而是走高档路线的小型汽车。

宝马汽车公司收购罗孚后背上了沉重的包袱，于是在2000年初将罗孚旗下的路虎转卖给福特。不过，宝马卖了路虎却将迷你留了下来。

3. 大众汽车公司

1）大众汽车概述

大众汽车是一家总部位于德国沃尔夫斯堡的汽车制造公司,由世界著名的汽车设计大师费迪南德·波舍尔于1937年在戴姆勒-奔驰公司的支持下创立,是德国最大的汽车生产集团,也是世界汽车行业中最具实力的跨国公司之一。集团目前拥有10大著名汽车品牌:大众汽车乘用车(德国)、奥迪(德国)、兰博基尼(意大利)、宾利(英国)、布加迪(法国)、西雅特(西班牙)、斯柯达(捷克)、大众汽车商用车(德国)、保时捷(德国)和斯堪尼亚(瑞典)。大众汽车集团在全球建有68家全资和参股企业,业务领域包括汽车的研发、生产、销售、物流、服务、汽车零部件、汽车租赁、金融服务、汽车保险、银行、IT服务等。

大众汽车工厂

Volkswagen　Skoda　Seat　　　　　　　Nadaneger　Scania
大众汽车乘用车　斯柯达　西雅特　　　　大众汽车商用车　斯堪尼亚

Bugatti　Bentley　Audi　Lamborghini　Porsche
布加迪　宾利　　奥迪　兰博基尼　　保时捷

大众旗下品牌

大众车标

2）大众汽车公司旗下主要汽车品牌及车标

（1）德国大众。

① 车标历史。

大众汽车公司的德文 Volkswagenwerk,意为"大众使用的汽车",标志中的 VW 形似三个"V"。

② 主要车型。

大众汽车的主要车型

类型	名称	类型	名称
中型	帕萨特	紧凑型	高尔夫
	领驭		尚酷
	迈腾		捷达
	CC		速腾
豪华型	辉腾		宝来
			朗逸
			桑塔纳
MPV	途安	小型	波罗
	夏朗		甲壳虫
SUV	途观	SRV	高尔夫旅行车
			大众旅行车
	途锐		迈腾旅行车

大众全系汽车

③ 大众发展中的经典车型。

a. 甲壳虫汽车。

甲壳虫汽车生产超过 65 年,它与 2150 万用户走遍全球各个角落,至今仍然活跃于世界各地。20 世纪最伟大的汽车工程师——费迪南德·波尔舍博士成就了 20 世纪最伟大的汽车产品,波尔舍博士与甲壳虫汽车共同创造了一段传奇的汽车工业史。

1926 年,身为戴姆勒-奔驰技术主管的费迪南德·波尔舍不满足于只设计制造高档豪华车和高性能的赛车,在他看来,设计一款所有人都能拥有的经济型小车才是当时最应该做的。但他的设想没能得到戴姆勒-奔驰公司的全力支持。很快,摩托车制造商佐恩达普找到波尔舍,并愿意出资赞助项目进行。1931 年,在位于纽伦堡的佐恩达普工厂内,第一台保时捷 Typ 12(保时捷产品是从 Typ 7 开始命名的,据说是为了赢得客户对这个年轻的公司的信任)样车完工。1932 年,佐恩达普又制造了三台样车,该车能容纳 4 名乘客。埃尔文·柯曼达负责设计车身,并在斯图加特的 Reutter 工厂加工。尽管波尔舍极力反对,但最终还是按照委托方佐恩达普的要求采用 19 kW 的 5 缸星形发动机,后置驱动,车身质量 600 kg,最高速度可达 80 km/h。

大众甲壳虫汽车　　　　　　　　波尔舍与其设计的甲壳虫汽车

1978年1月19日,德国本土生产的最后一辆甲壳虫汽车下线,但在海外的工厂里甲壳虫汽车仍以每天1000余辆的速度进行生产。

1981年5月5日,第2000万辆甲壳虫汽车在大众汽车公司位于墨西哥的Peubla工厂下线。为庆祝这一伟大成就,大众公司推出了"SilverBug"珍藏版甲壳虫汽车,以此献给其衷心的追随者。

第2000万辆甲壳虫汽车下线　　　　　　　　**SilverBug 甲壳虫汽车**

2003年7月30日,最后一辆经典老款甲壳虫汽车驶下大众汽车公司墨西哥Peubla工厂的生产线。标志着这款拥有几十年生产历史、全球总销量排名第四的传奇车型走下历史舞台。

2011年4月29日,在中国上海车展上,大众汽车全球首发全新一代甲壳虫汽车,代替销售了几十年的上一代甲壳虫汽车。

全新一代甲壳虫

b. 高尔夫汽车。

大众高尔夫（Golf）汽车是一款由大众汽车在 1974 年推出的经典掀背小型家用车型，已经在全球市场推出了七代，是大众汽车公司生产最多的品种，也是大众最畅销的车型。

- 第一代高尔夫（1973—1983 年）。

1973 年第一代高尔夫汽车在设计师乔治罗亚的笔下诞生。当时，整个欧洲被石油危机重创，汽车工业面临严峻考验。这种形势下，大众公司果断决定放弃传统的后置风冷发动机布局，把宝押在一款全新设计的车型高尔夫之上：采用水冷四缸发动机，前轮驱动，紧凑的承载式车身，轻量化底盘，前悬架为支柱式，后悬架为交叉臂式，乔治罗亚设计的溜背式造型带棱带角。

- 第二代高尔夫（1983—1991 年）。

高尔夫汽车第二代于 1983 年 8 月正式上市，特色是较长的轴距以及加大的行李舱设计，车身针对客户的需要设计；新增加的扭力梁强化抓地操控性；高尔夫 GTI 顶级引擎设计采用 1.8 L 112 马力输出功率，在 1983 至 1989 年 10 年之间销售总量高达 630 万台，平均每年销售 63 万台。

- 第三代高尔夫（1991—1997 年）。

1991 年 8 月高尔夫汽车第三代正式上市，椭圆形的前车灯设计加上流线型的外观很快就成为市场的焦点，1992 年 8 月所有高尔夫汽车第三代车款均将前座双气囊列为选用配备，并创下全球 480 万台的销售纪录。

- 第四代高尔夫（1997—2003 年）。

1997 年 8 月高尔夫汽车第四代荣耀登场，全新震撼造型，外车身全部镀锌，车体采用大众汽车全车镀锌防腐蚀技术，严格把关的二阶段内外车身镀锌处理再配合大众汽车完美的 6 层漆面涂装作业，建立超越全球汽车最高标准，能有效防止腐蚀，保固 12 年。代表了超高品质标准的高尔夫汽车新系列，在七年间创下全球 430 万台的销售量。

第一代高尔夫汽车

第二代高尔夫 GTI 汽车

第三代高尔夫汽车

第四代高尔夫 GTI 汽车

- 第五代高尔夫(2003—2008年)。

2003年9月大众汽车特别选在法兰克福车展上正式发布史上最成功的德国畅销车高尔夫汽车第五代。第五代高尔夫汽车具备了更优越的性能、更强悍的动力表现,集创新高科技的多样优势。

- 第六代高尔夫(2009—2012年)。

第六代高尔夫汽车清晰简洁而又强有力的设计风格标志着大众汽车未来的发展方向,其鲜明的外观特征和全面的舒适性,突破了车型级别的界限。

第五代高尔夫汽车　　　　　　　第六代高尔夫汽车

- 第七代高尔夫(2012年至今)。

高尔夫汽车第七代不仅更大、更漂亮,而且在技术上也全面超越了它的前辈,拥有更多的看点,拥有更加吸引人的外型,全新研发的轻质底盘,燃油经济性极佳的涡轮增压引擎等,可以说第七代高尔夫汽车是紧凑型家用车市场上让人无法抗拒的一款产品。

第七代高尔夫汽车

(2) 德国奥迪汽车。

① 概述。

奥迪汽车公司是德国历史最悠久的汽车制造商之一,由奥古斯特·霍希于1909年7月16日创立。

因1929年爆发的世界经济危机,奥迪、小奇迹、霍希和漫游者四家公司于1932年6月29日结盟,组成了汽车联盟股份有限公司。在20世纪30年代,汽车联盟涵盖了德国汽车工业能够提供的所有乘用车领域,对当时的德国汽车工业做出了杰出的贡献。

② 奥迪汽车创始人。

奥古斯特·霍希(1868—1951)是德国汽车工业的先驱者之一,1899年霍希辞去了在奔驰公司担任生产负责人的职位,建立了奥古斯特·霍希公司。1900年,因与董事会和监事会存在分歧,霍希离开了由他创办的霍希公司,随即在茨维考成立了奥迪汽车公司。在1932年,被任命为汽车联盟监事会成员,并继续以专家的身份参与公司的技术开发工作,于 1951 年去世,享年 83 岁。

乔尔根·斯夫卡特·拉斯姆森(1878—1964),是蒸汽驱动汽车(DKW)之父,出生于丹麦的纳克斯科夫。第一次世界大战期间,他进行了蒸汽驱动的汽车试验,1918 年,拉斯姆森开始制造汽车,1929 年因世界经济危机,加入汽车联盟股份公司。

奥古斯特·霍希　　　　　　　乔尔根·斯夫卡特·拉斯姆森

约翰·巴普蒂斯特·温克霍夫(1859—1949),是漫游者(Wanderer)公司创始人,出生于慕尼黑,1885 年在开姆尼斯建立工厂生产自行车并以"Wanderer"的商标出售。1902 年漫游者开始生产摩托车,1904 年第一次试生产汽车。

克里斯蒂安·施密特(1844—1884),是 NSU 公司创始人,1873 年成立 NSU 公司。1886 年,NSU 公司推出自己的第一款自行车,1901 年,该公司已经全面进入摩托车和自行车产业。第一次世界大战之前,NSU 公司已经成为德国出口量第一的公司。1905 年,NSU 公司开始进入汽车业。1884 年 2 月 24 日,克里斯蒂安·施密特在内卡苏尔姆因肝病早逝,年仅 39 岁。

约翰·巴普蒂斯特·温克霍夫　　　　　　　克里斯蒂安·施密特

③ 奥迪车标含义。

奥迪这个名字可以追溯到 19 世纪晚期。德国大众汽车公司生产的奥迪(Audi)轿车标志是 4 个连环圆圈,它是其前身——汽车联合公司于 1932 年成立时即使用的统一车标。4 个圆环表示当初汽车联合公司是由奥迪、小奇迹、霍希和漫游者 4 家公司合并而成的。每一环都代表其中一个公司。半径相等的四个紧扣圆环,象征公司成员平等、互利、协作的亲密关系和奋发向上的敬业精神。

奥迪车标

④ 奥迪主要车型

奥迪主要车型

类型	车名	类型	车名
S系列 （S系列为基于A系列的高性能车型）	S3	Q系列	Q3
	S4		
	S5		Q5
	S6		
	S8		Q7
A系列轿车	A1	R级超级跑车	R8
	A2		
	A3		
	A4		
	A5	跑车	TT
	A6		
	A7		
	A8		

奥迪各系车型

⑤ 奥迪汽车发展历程。

1899年11月14日，奥古斯特·霍希在科隆Ehrenfeld区创立了A. Horch & Cie.公司。1901年初，公司研制的第一辆汽车问世。1902年3月，公司迁至萨克森地区的莱欣巴赫。两年后，公司改制为股份公司，并再次搬迁。1904年5月10日，A. Horch & Cie.汽车制造公司在茨维考成立。

右方驾驶源于马车时代,那时马车夫就坐在马车右侧。1921年,奥迪在德国率先推出了左方驾驶的量产汽车奥迪K型。左方驾驶使得驾驶员的视野更加开阔,使超车操作更加安全。到20世纪20年代末期,左方驾驶已经逐渐成为主流。

1928年8月,拉斯穆森获得了奥迪公司的大部分股权。从1931年开始,他在茨维考的奥迪公司开始大批量生产前轮驱动的小型DKW轿车。这款轿车也采用覆盖人造革的木制车身和DKW二冲程发动机。这种设计为DKW小型轿车成为20世纪30年代最成功的德国小型轿车之一奠定了基础。到1942年为止,这款小型轿车在茨维考共生产了25万多辆。

奥迪K型车　　　　　　　　　奥迪DKW汽车

1945年,在进驻德国的苏联军方的命令下,汽车联盟公司的萨克森工厂作为战争赔款而遭到拆除。随后,公司的所有资产被无条件没收。1948年8月17日,位于克姆尼茨的汽车联盟公司被注销。

在1963年法兰克福车展上,NSU展台的活顶双座车汪克尔Spider引起了轰动,该车采用的后置式单缸转子发动机是由NSU与菲利克斯·汪克尔共同研究的,这种发动机通过转子压缩燃油及空气混合气,从而取代往复运动的活塞。

1980年3月,在日内瓦车展的奥迪展台上,四轮驱动运动型双门轿车引起了极大的轰动。奥迪quattro汽车是第一款四轮驱动的高性能车。这种驾驶理念以前仅应用于卡车及越野车。奥迪quattro的四轮永久驱动系统在汽车运动领域获得了全球性的成功,并且逐渐应用于所有的奥迪车型。

奥迪quattro四轮驱动汽车

1991年,奥迪推出两款举世瞩目的跑车概念车:法兰克福车展上的奥迪Spyder quattro汽车和东京车展上的奥迪Avus quattro汽车。这两款概念车一致使用铝质车身,预示着奥迪未来批量生产轻量化结构的趋势。

奥迪 quattro Spyder

奥迪 Avus quattro

1990年,中国一汽安装了奥迪轿车组装线,日生产能力达50辆。1993年,奥迪加入一汽大众合资企业。1995年,一汽大众开始准备生产专门为中国开发的奥迪200 V6车型。1996年,奥迪200 V6汽车下线。

(3) 德国保时捷汽车。

① 概述。

保时捷公司是由创始人费迪南德·波尔舍创立的,总部设在德国斯图加特。在1900年巴黎世博会上,第一部由年仅25岁的费迪南德·波尔舍设计并以其名字命名的汽车——Lohner-Porsche汽车正式登场并造成轰动。保时捷汽车具有鲜明的特色,甲壳虫式的车形,后置式发动机和优异的性能,令它很快成为知名的汽车。1963年法兰克福国际汽车展览会展示了保时捷911型汽车,这个设计直到现在还有广泛的市场。保时捷汽车始终如一坚持独特的设计理念,正是这种风格使保时捷汽车不断向上发展。

② 创始人。

费迪南德·波尔舍,1875年出生于奥地利,父亲是一个铁匠。费迪南德对机械和当时兴起的电学特别感兴趣,经常自己动手做实验。1893年,年仅18岁从未受到过任何高等工程教育的波尔舍只身来到维也纳,进入贝拉爱格电子公司(Bela Egger)工作,在这里,他和之前学习工匠手艺一样,以"学徒"的身份开始,做一些清扫、给皮带上油之类的打杂工作。在那个时候,他一有时间就会跑到当地的维也纳工学院旁听与机械和电子相关的课程。短短几年的时间,他就从一个普通工人成长为检验室的负责人。1896年,22岁的波尔舍凭借其发明的轮毂电机得到了英国赋予的专利,并在1897年担任了这家电力公司实验部门的经理,这时他开始接触汽车。

费迪南德·波尔舍以及他的儿子费利·波尔舍、孙子亚历山大·波尔舍都堪称是汽车设计大师,他们三代人推出的跑车产品均成为风靡全世界最佳标杆。

1926年,世界汽车界的两大巨人卡尔·本茨和戈特利布·戴姆勒携手,将戴姆勒公司和奔驰公司合并成立了戴姆勒-奔驰公司。费迪南德顺理成章成为了新公司的一员,他为梅赛德斯设计了S汽车、SS汽车和SSK汽车等一系列产品。SSK汽车是费迪南德为戴姆勒-奔驰公司设计的最后一款车。SSK是德语超级短轴距跑车的缩写,拥有更强大的动力和更短的轴距,这是专门为爬山赛事而设计的。它的短轴距设计保证了优良的操控性和过弯能力。这款车当时只生产了35辆。费迪南德力主开发小型轿车,但没有得到董事会的支持,他只能从戴姆勒-奔驰公司退出。1929年费迪南德进入奥地利斯太尔公司(Steyr Automobile)任技术总监。之后他又得到斯图加特高等技术学院(斯图加特大学)颁授名誉博士。但遇上经济大萧条,斯太尔公司很快被戴姆勒-奔驰公司收购,这时候费迪南德不愿意再次面对老东家,费迪南德选择了再次离开。

1930年12月16日，费迪南德·波尔舍创建了自己的公司——保时捷汽车工作室。他聚集了一批德、奥汽车界的精英，把基地建在德国汽车工业中心斯图加特。1932年，费迪南德开始着手载重汽车和变速器高速挡的设计，之后又全力投入减震装置和钢板弹簧的设计，在钢板弹簧中他所采用的扭力杆悬架和从动铰链就是后来被称为"保时捷ifs"的著名装置。在第二次世界大战的前5年中，费迪南德进行了多功能车的研制工作，并在研制风力螺旋推进器上做了一些工作，以缓解能源短缺问题。他还致力于拖拉机的设计以提高德国落后的农业经济。

早在1931年，小型轿车Type12样车完工。1932年，由NSU公司出资，保时捷公司生产了3辆Type 32的样车。后由于NSU公司感到风险太大，停止投资而夭折。

此后生产的新的"国民轿车"设计仍延用了Type 32思想，只是体积更小，价格更低。事实上，工作的进展确实比预期的要慢。为控制成本，新轿车必须采用气冷汽油机，而当时的气冷技术还不成熟，一旦环境气温过高，或者发动机长时间连续工作，发动机就会过热，严重时甚至会烧毁活塞，为克服这一困难，费迪南德等人想尽了办法。在看到不可能在规定时间内解决这一问题后，他们只好采取临时措施，加大发动机散热窗口的面积，以消除过热现象。由于新车是后置发动机，又采用了流线型造型，扩大的散热窗口几乎占据了整个车背，无奈之下只好取消了车子的后窗。

1936年10月，纳粹德国政府建立了全新的厂房预备生产汽车，并且将厂房所在的城市名为汽车城（Autostadt）。该地在战后改称沃尔夫斯堡（Wolfsburg，亦称狼堡），即今天大众汽车的总部所在地。费迪南德亲自参与了车厂的建设，而跑车设计的工作则由他的儿子费利接任。

从1935年起，费迪南德带领设计小组按"坚固可靠，经济实用，技术全面成熟"的三条原则开发设计大众型轿车。1936年10月12日，三辆大众型"V-1"轿车开发成功，这款微小型车即二次大战之后行销世界各地的甲壳虫。该车经过50000 km的严酷测试，汽车协会给出了详细报告：在50000 km的测试中，新车坚固可靠，结构良好，出现的故障都不是设计上的问题，很容易修改；汽油与机油消耗量都达到标准；驾驶操纵性能良好。总之，这辆车值得进一步发展。这份报告极大地鼓舞了费迪南德和同事们的士气。

第二次世界大战后，由于费迪南德和纳粹德国政府过往亲密，被押解到美国、法国等地。法国更曾要求费迪南德到法国继续甲壳虫的设计，并要将沃尔夫斯堡的工厂搬到法国作为战争赔偿。后来因为法国汽车工业界的一致反对，这一计划才作罢。

保时捷356是第一辆真正以保时捷品牌命名的汽车，是设计师和工程师以之前的Type 64为基础设计的双座敞篷跑车，使用手动打造的全铝车身和中置发动机布局，悬架和发动机基本参照甲壳虫汽车的。车身设计是甲壳虫车型的设计师埃尔文·克蒙达。

1950年11月，费迪南德首次在战后回到沃尔夫斯堡。当时的沃尔夫斯堡的工厂也开始恢复生产，并正式改名为大众车厂。大众每生产一辆甲壳虫汽车，都会向费迪南德给予版权费。同时，费迪南德被聘请为顾问，解决技术问题。由于甲壳虫汽车成为了平民车里最耀眼的明珠，故取得了极其辉煌的成就，累计产销2100多万辆。

1951年1月30日，汽车史上一代宗师费迪南德·波尔舍从沃尔夫斯堡返回斯图加特的途中风逝世，享年77岁。

③ 保时捷汽车车标含义

保时捷车标的英文采用德国保时捷公司创始人费迪南德·波尔舍的姓氏，图形采用公司所在地斯图加特市的盾形市徽。"PORSCHE"字样在商标的最上方，表明该商标为保时捷设

汽车文化

保时捷标志

计公司所拥有；商标中间是一匹骏马，表示斯图加特这个地方盛产一种名贵种马；商标中的"STUTTGART"字样在马的图案上方，说明公司总部在斯图加特市；商标的左上方和右下方是鹿角的图案，表示斯图加特曾经是狩猎的好地方；商标右上方和左下方的黄色条纹代表成熟了的麦子颜色，喻指五谷丰登，商标中的黑色代表肥沃土地，红色象征人们的智慧与对大自然的钟爱。

④ 保时捷汽车经典车型。

新款卡宴汽车相比老款卡宴汽车，其进气格栅的位置更低，并且呈现一定的弧度，保险杠下的进气口从原来的长方形变为梯形，发动机盖上增加两条棱，中间向上凸起，给隐藏在下面的发动机提供了更大的空间。在尾门的设计上，新车增加了尾门的弧度，从而让它看起来更加轻巧。而在侧面线条上，具有更加突出雕刻感的腰线强化了新卡宴的力量。

帕纳梅拉汽车为众多保时捷迷们提供了前所未有的车辆设计理念，是一款将最高标准的动态性能与极致优雅设计集于一身的四座 GT 型车。与已被人们广泛接受的高级车相比，帕纳梅拉汽车无论是在性能、驾驶动态和效率方面均是市场中的佼佼者。事实上，这些特性一直都代表着保时捷公司的核心竞争力，因为高效且高性能的发动机、轻质的设计以及经过优化的空气动力学性能始终是赛车运动的决定性因素。现在，帕纳梅拉汽车首次将保时捷汽车血统和跑车的激情驾驶乐趣与豪华轿车优越的空间和舒适性完美地融合在一起，造就了独一无二的 GT 型车。

保时捷卡宴汽车　　　　　　　　　保时捷帕纳梅拉汽车

2010 年 7 月，保时捷公司推出了一款悬挂极低、动感十足、数量稀少的全新车型——限量版的全新 911 Speedster 汽车。为了表达对保时捷公司首款名为 Speedster 的车型——356Speedster 汽车的敬意，全新 911 Speedster 汽车将限量生产 356 辆。专为 Speedster 汽车开发的纯蓝色车身将其运动气息衬托得更为突出，同时与暗色前灯、黑色大灯环、黑色挡风玻璃镶边，以及其他黑色装饰细节形成了鲜明对比。细花白车身颜色可应客户要求免费为 Speedster 汽车提供。此外，全新Speedster汽车还配有独特的前裙板、侧裙板，以及后裙板。

2011 款保时捷 911 GT2RS 汽车搭载的是一款 3.6 L 双涡轮增压 6 缸发动机，配 6 速手动变速箱。最大输出功率为 620 马力。最大扭矩为 700 N·m。百千米加速成绩为 3.5 s，最高速度为 330 km/h。200 km/h 加速时间为 9.8 s，300 km/h 加速时间为 28.9 s。前轮为 245RZ19、后轮为 325RZ19 赛道胎。刹车为 PCCB 复合陶瓷刹车片，配有动态底盘控制系统、自适应悬挂管理系统、防侧倾杆辅以 PSM 保时捷稳定管理系统，以确保在极速状态下的安全性。

911 Speedster

911 GT2RS

3.1.2 意大利著名汽车公司

1. 菲亚特汽车公司

1）概述

菲亚特汽车公司是世界十大汽车公司之一，始建于 1899 年 7 月的意大利都灵市，如今已经发展成世界著名的跨国汽车企业之一。菲亚特汽车公司于 1899 年诞生第一辆汽车，1908 年进军美国市场，并开始出口法国、奥地利、英国等国家。菲亚特汽车公司以生产轿车和轻型商务车著称。

1969 年，菲亚特汽车公司兼并蓝旗亚汽车厂，同时收购法拉利汽车厂 59% 的股份，但与法拉利之间仍然独立运转，1984 年收购阿尔法·罗密欧汽车厂，1933 年收购玛莎拉蒂汽车厂，包括依维柯工程车辆公司，成为了一个经营多种品牌的汽车公司。菲亚特垄断着意大利全国年 90% 以上的汽车产量，这在世界汽车工业中是罕见的。2009 年 7 月 24 日，欧盟委员会批准意大利菲亚特汽车公司收购美国斯勒汽车公司。

菲亚特旗下品牌

2）创始人

菲亚特汽车公司创始人乔瓦尼·阿涅利，是 20 世纪前半期意大利最重要的企业家。早年在军事学院学习，后在军队服役。1890 年退役后，进入汽车工业。1899 年创立意大利都灵汽车制造厂（即菲亚特汽车公司），不久，该公司成为国际著名的汽车公司。第一次世界大战期间，为意大利武装力量提供军备，该公司还生产有轨电车、飞机、铁路车辆、拖拉机和柴油机，雇佣劳动力超过 30000 人。随后因支持国家法西斯，反对工会运动，1921 年工人占领菲亚特汽车公司，各工厂都升起共产主义的红旗，面对此种情况，阿涅利离开工厂，工厂随即由工人委员会管理。不久，约 3000 名工人联名欢迎他回工厂重掌大权。第二次世界大战期间，为满足墨索里尼对外战争的需要，菲亚特汽车公司接受国家资助并大量生产军火，使公司的规模日益扩大。第二次世界大战后，即 1945 年 4 月意大利民族解放委员会罢免了乔瓦尼·阿涅利和菲亚特汽车公司所有高级管理人员的职务，乔瓦尼·阿涅利抑郁而终。菲亚特汽车公司直到 1966 年才还给阿涅利家族。

乔瓦尼·阿涅利

菲亚特汽车公司总部

3）菲亚特汽车标志

"FIAT"在英语中具有"法令""许可"的含义，因此在客户的心目中，菲亚特汽车具有较高的合法性和可靠性，深得用户喜爱。

1899 年，菲亚特汽车公司在都灵成立，羊皮纸团在庆祝海报上出现，并且成为菲亚特汽车公司第一款商标。1901 年，菲亚特汽车公司决定在汽车上采用更加合适的商标，商标为一个小搪瓷黄铜板，中间带有菲亚特字样，其中"A"字母的式样沿用至今。

1925 年，商标改为白底红色圆形设计，外围的桂冠图案是为了庆祝菲亚特首次参加汽车竞赛取得胜利。1932 年，商标改为矩形盾牌式样，更符合当时散热器的设计要求。

1968 年，商标采用四格蓝色背景，并且成为菲亚特集团标志性元素。

1999 年，菲亚特百年纪念，标志设计回复到 19 世纪 20 年代的风格。此款商标选择蓝色背景，镀铬徽标，沿用"A"字母式样，并配以更加有设计感的桂冠。

菲亚特车标演进

2007年，菲亚特汽车在获得年度八项大奖之后，商标再次更换，新的商标一方面保留标志性的红色和盾牌图案，另一方面新设计体现了先进技术、活力与个性。

4）菲亚特汽车车型

菲亚特主要车型

车型	图示	车型	图示	车型	图示
Cygnet		朋多		菲亚特Uno	
菲亚特500		Sedici		博锐	
多宝		Idea		Panda	

5）菲亚特汽车发展史上的经典车型。

(1) 菲亚特 130 HP 汽车。

1907 年生产的菲亚特 130HP 轿车最高速度达 160 km/h，对于当时意大利的汽车生产技术，菲亚特 130HP 汽车已是技术超群了。

(2) 菲亚特 500 型轿车。

1936 年问世的第一代菲亚特 500 型轿车是意大利首批面向普通老百姓的家庭小轿车，它小巧、性能好、便宜，广受大众的欢迎。第二代菲亚特 500 汽车则于 1957 年推出，并生产至 20 世纪 70 年代。菲亚特 500 汽车至今都是受大众喜爱的一款城市小型代步用车。

菲亚特 130HP 汽车

菲亚特 500 汽车

(3) 菲亚特 124 汽车和菲亚特 125 汽车。

菲亚特 124 汽车是菲亚特汽车公司 1966—1974 年间生产的中型家庭轿车，其可以看作是

1300 汽车和 1500 汽车的换代车型,苏联的拉达轿车正是根据菲亚特 124 而设计的。1.5 亿辆的销量(含拉达)使得菲亚特 124 成为世界最畅销的车型之一。菲亚特 125 是菲亚特在 1967 年至 1972 年间生产的大型家庭轿车,底盘是由 1300/1500 改进而来,而外形则是根据 124 加长而来,引擎也是根据 124 的引擎发展而来。1968 年菲亚特还推出了 1255(125 的特别版),其拥有 100 马力制动和五速手动变速箱。菲亚特 125 面市时因其良好的操控性和精妙的动力学外观而受到普遍好评。同时,从 1967 年到 1991 年,在波兰的 FSO 工厂也生产 125,菲亚特特许这家工厂在其品牌下生产 125,其名称改为 125P(P 为波兰之意)。FSO 工厂被允许制造的菲亚特汽车除了 125P 之外还有 FSO 1500、FSO 1300、126P 等。

菲亚特 124　　　　　　　　　　　　菲亚特 125

(4) 菲亚特 Panda。

菲亚特 Panda 是菲亚特公司有史以来首款获得欧洲年度车型的 A 级车。从 2003 年 9 月开始投放欧洲市场,装备 1.1 L 及 1.2 L 汽油发动机,同时还有 1.3 L 柴油发动机可供选择。菲亚特 Panda 保留了车身的纤巧、耗油量低的优点外,其 MPV 版本灵活实用,既有 SUV 越野车的强悍扎实,也不乏欧洲房车的精良操控,拥有较高的座椅位置,改善了驾驶视线和乘坐舒适性,既方便在市区穿梭,也适宜作为中短途旅程的交通工具。

(5) 菲亚特 UNO(乌诺)。

菲亚特 UNO 自 1983 年诞生,在意大利一直生产到 1995 年才被全新的 Punto 替代。不过,老款 UNO 在巴西市场却极为受欢迎,并且持续生产了很长时间。现在,菲亚特将 UNO 这一名称用在了以南美市场为目标的全新车型之上。全新的 UNO 仅仅继承了经典的名称,除此以外与老款车型完全不同,新车尺寸明显加大,设计风格也不再以都市使用为主导。新车采用了方盒化设计,车内空间得到最大化运用,而车辆外观也显得酷劲十足。

菲亚特 Panda　　　　　　　　　　　　菲亚特 UNO

2. 法拉利汽车公司

1) 概述

法拉利(Ferrari)是一家意大利汽车生产商,公司总部在意大利的马拉内罗(Maranello)。1929年创办,主要制造一级方程式赛车、赛车及高性能跑车。法拉利是世界闻名的赛车和运动跑车的生产厂家,早期的法拉利赞助赛车手及生产赛车,1947年独立生产汽车。

2) 创始人

恩佐·法拉利(1898—1988),法拉利汽车公司的创始人,他在汽车制造业也享有盛誉,人称"赛车之父"。

1947年,恩佐·法拉利创立了法拉利公司,并生产出第一辆法拉利125S汽车。这被看作是现代赛车文化的起源,世界赛车场从此由恩佐·法拉利主宰,直到他1988年去世。在恩佐·法拉利的一生中,致力于提高赛车的性能以不断在比赛中夺取桂冠,他共赢得了14次勒芒24 h耐力赛冠军和9次F1总冠军。他的名字已经成为世界上最具声望的他一个高性能赛车品牌。

恩佐·法拉利

法拉利工厂

3) 法拉利汽车标志

法拉利车的标志是一匹跃起的马。在第一次世界大战中意大利有一位表现非常出色的飞行员弗兰西斯柯·巴拉卡及其战机"腾马"。他的飞机上就有这样一匹会给他带来好运气的跃

法拉利标志

弗兰西斯柯·巴拉卡及战机"腾马"

马。在法拉利最初的比赛获胜后,飞行员的父母亲,一对伯爵夫妇建议:法拉利也应在车上印上这匹带来好运气的跃马。后来飞行员弗兰西斯柯·巴拉卡战死了,为了纪念他,这匹跃马就变成了黑颜色,法拉利的标志底色为公司所在地摩德纳的金丝雀的颜色。

4)法拉利现有主要车型

(1)法拉利 599 GTB Fiorano。

法拉利 599 GTB Fiorano 是一款双座跑车,由宾尼法利纳汽车设计公司设计,在 2006 年日内瓦车展上首次亮相,用以取代法拉利 575M Maranello 车型。599 源自其发动机排量 5999 mL,GTB 是 Gran Turismo Berlinetta 的缩写,Fiorano 是法拉利的测试赛道的名字。599 GTB Fiorano 拥有一系列革命性的先进技术,许多装备是第一次应用在中前置发动机的法拉利(Ferrari)双座跑车上,并在操控性、驾驶乐趣和设计方面为同级汽车奠定了新的基准。

(2)法拉利 458 Italia。

法拉利 458 Italia 是一款中后置 8 缸双门跑车,在 2009 年法兰克福车展上推出,标志着法拉利(Ferrari)在其原有中后置发动机跑车的基础上实现了重大飞跃。458 指的是 4.5L 8 缸发动机,Italia 象征 458 Italia 的诞生不仅是法拉利的骄傲,更是所有意大利人的荣耀。458 Italia 也是由宾尼法利纳汽车设计工作室,但它的整体造形却完全颠覆了过去法拉利跑车给人的既有印象,充满了前所未有的束炜式未来感。

法拉利 599 GTB Fiorano

法拉利 458 Italia

(3)法拉利 FF。

2011 年 1 月,法拉利官方网站公布了新款法拉利 FF 的首批照片,这是法拉利推出的性能最强、功能最全的四座跑车,也是法拉利历史上第一款四轮驱动跑车。法拉利 FF 由宾尼法利纳汽车设计工作室设计,在 2011 年 3 月 1 日举行的日内瓦车展上正式首发亮相。FF 是英文 Ferrari Four(四座和四轮驱动)的缩写,这款新车带来了全新的 GT 跑车概念,标志着对原有理念的颠覆性突破,它不是一次升级换代,而是一次真正的创新。

(4)法拉利 California。

法拉利 California 是一款豪华旅行跑车,2008 年在巴黎汽车展上首次亮相,是有史以来第一款采用中前置 V8 发动机、第一款采用折叠硬顶敞篷的法拉利 GT 跑车,可以在 3.9 s 完成 0~100 km/h 的冲刺,最高时速可达 310 km/h。California 由宾尼法利纳汽车设计工作室设计,传承了 1957 年法拉利推出的一款针对美国市场的 250 GT California Spyder 敞篷跑车的精髓。California 将毫不妥协的运动性能和实用的灵活性结合在一起,同时也提供了所有法拉利跑车所共有的无与伦比的驾驶乐趣。

法拉利 FF

法拉利 California

(5) 法拉利 458 Spider。

法拉利 458 Spider 延续了法拉利 458 Italia 内饰设计风格，内饰操控旋钮与按键众多，车内包括座椅中央的 LAUNCH 起跑控制系统、R 倒车挡及 AUTO 自排按钮，以及方向盘拨片及冷气出风口、电动窗的开关等，都采用了较轻也较耐用的铝合金材质。由碳纤维所制成的两张桶形跑车座椅的结构与椅背，提供相当紧密的包覆性和支撑性，来应对 6000 r/min 输出 539 N·m 时的强大 G 值。

法拉利 458 Spider

5）法拉利发展历程中的经典车型

(1) 法拉利 166Inter。

这是法拉利首个达到 2 L 容量的 12 缸发动机跑车。如同 159S，缸径大小及冲程均增加，并且同样制造了开放车轮和全车身模型。这款车为在意大利以外获得成功的首款车型之一，帮助法拉利在非常重要的美国市场赢得声誉。

(2) 1947 年 125S。

1947 年，49 岁的恩佐·法拉利在意大利建立了自己的汽车制造工厂。最初的法拉利以生产赛车为主，法拉利生产的第一辆跑车是 125S，这款车搭载 V12 发动机，从这款车开始法拉利踏上了自己的超跑之路。

法拉利 166 Inter

125S

汽车文化

（3）1948 年 125F1。

125F1 在 9 月 5 日意大利都灵大奖赛上首次亮相即展现了其强大的竞争力，Raymond Sommer 驾驶该车荣获大赛第三名。然而 125F1 迎来最辉煌的时刻却是在 1949 年，阿尔贝托·阿斯卡里驾车赢得瑞士大奖赛，随后，他又驾驶两级式机械增压和双顶置凸轮轴跑车赢得意大利大奖赛。

（4）1962 年 250GTO。

1962 年，法拉利推出 250GTO 车型，1962 年 1 月，该车于每年一度的法拉利季前新闻发布会上公开亮相，并且是公开展出的唯一一款使用前置发动机的汽车，GTO 帮助法拉利赢得了 60 年代多数大型赛事的冠军，使法拉利站到了全球跑车界的顶峰，250GTO 是 250GT 系列比赛用车发展的最高峰，同时是一款公路版车型。

125F1

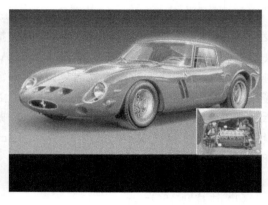

250GTO

（5）1987 年 F40。

1987 年，法拉利推出了划时代的超级跑车 F40，这款车是为了纪念法拉利车厂生产跑车 40 周年而打造的，"F"代表法拉利，而"40"代表 40 周年。这也是恩佐·法拉利于 1988 年 8 月逝世之前推出的最后一款新车。

（6）1995 年 F50。

F50 是为了庆祝法拉利成立 50 周年而生产的，这是公司有史以来制造的最接近于公路版 F1 赛车的一款车。鉴于其在追求高性能方面绝不妥协的纯粹精神，F50 完全没有转向助力、动力辅助制动和 ABS，但广泛地采用了成熟的复合材料、F1 风格的制造技术和空气动力设计。

F40

F50

(7) 1996 年 550 Maranello。

1996 年 550 Maranello 在纽博格林媒体发布会上亮相，这是法拉利对那些认为前置 V12 发动机跑车性能无法对抗中置发动机跑车的人们的有力反驳。作为 F512M 的继任者，550 Maranello 速度相对更快，同时该车不可比拟的表现性能与空气动力效率的组合帮助该车型树立了量产车的全新速度纪录。

(8) 2002 年 Enzo。

法拉利推出的一系列的超级跑车，均代表了融入公路版车型的法拉利公司技术成就的最高点，这些跑车包括 GTO、F40 和 F50。这个极限性能的跑车系列在 2002 年有了一位新成员加盟，即 Enzo，它是一级方程式赛车最新技术的表达。Enzo 仅限量生产了 349 辆，其特点是带有高级复合材料的车身和碳纤维和蜂巢铝底盘。

550 Maranello

Enzo

(9) 1950 年 375 F1。

375 F1 赛车是法拉利车队于 1950 年 9 月 2 日在蒙扎赛道参加意大利大奖赛所用车，获得了第二名。但是该款赛车获得的首场胜利是 1951 年 7 月 14 日于银石赛道举行的英国大奖赛。阿根廷车手干沙里斯驾驶着 375 F1 击败了阿尔法·罗密欧获得胜利。

F1

375F1

3. 蓝旗亚汽车公司

1) 概述

蓝旗亚(Lancia)也是菲亚特集团旗下的品牌之一,以生产豪华蓝旗亚轿车为主。虽然目前蓝旗亚汽车在中国并不多见,但作为意大利一个超过60年历史的著名品牌,其在世界豪华车市场占有不可或缺的地位。

2) 创始人

蓝旗亚创始人文森佐·蓝旗亚生于1881年,出于对机械结构的浓烈兴趣,文森佐早年加入了都灵切拉诺汽车厂,开始了他在汽车行业的辗转历程。随着该汽车厂被菲亚特公司收购,文森佐也成为了菲亚特的员工之一。当对汽车制造业的一切了如指掌以后,文森佐认为自己能够制造出比菲亚特轿车更受欢迎的汽车,于是在1906年,25岁的文森佐离开了菲亚特公司,在都灵开设了自己的汽车公司,并用自己的姓氏蓝旗亚给它命名。

3) 蓝旗亚汽车标志

蓝旗亚是菲亚特集团下主攻高档车型的品牌,在欧洲获得了很不错的声誉,并且还是意大利的官方用车。"蓝旗亚"一是取自公司创始人之一文森佐·蓝旗亚的姓氏;二是"蓝旗亚"在意大利语中意为"长矛"。骑着高头大马,手持挂旗长矛者,便是中世纪意大利骑士的主要特征。商标以长矛图案为主题,代表了企业不畏艰难的拼搏精神,加上旗帜上的"LANCIA",简洁地体现了"蓝旗亚"的全部意义。

文森佐·蓝旗亚

蓝旗亚标志

4) 蓝旗亚主要车型

蓝旗亚主要车型

车型	图示	车型	图示	车型	图示
Delta		Flavia		Stratos	

续表

车型	图示	车型	图示	车型	图示
Thema		Voyager		Ypsilon	

4.玛莎拉蒂汽车公司

1) 概述

玛莎拉蒂(Maserati)是一家意大利豪华汽车制造商,1914年12月1日成立于博洛尼亚(Bologna),公司总部现设于摩德纳(Modena),品牌的标志为一支三叉戟。1993年菲亚特收购玛莎拉蒂,但将玛莎拉蒂的品牌保留。玛莎拉蒂曾经是法拉利的一部分,现为菲亚特直接拥有。玛莎拉蒂的轿跑系列是意大利顶尖轿跑车制作技术的体现,也是意大利设计美学以及优质工匠设计思维的完美结合。

2) 创始人

阿夫尔·玛莎拉蒂是玛莎拉蒂汽车公司的创始人之一,他亲自驾驶Tipo26型玛莎拉蒂汽车参加了汽车比赛并赢得了奖项。阿夫尔·玛莎拉蒂在百余年的汽车发展史上,永世光辉。他凭借多年的丰富工作经验,以及对轿车的喜爱,在汽车行业取得极大的成就。无论他身处何地,都当仁不让地成为人们关注的焦点。

玛莎拉蒂总部

阿夫尔·玛莎拉蒂

3) 玛莎拉蒂汽车标志

玛莎拉蒂在七十余年间生产了多辆传奇式赛车、跑车,它表现出的精湛技艺和思维的独创性着实让人着迷。玛莎拉蒂汽车的标志是在树叶形的底座上放置的一件三叉戟,这是公司所在地意大利博洛尼亚市的市徽。三叉戟相传是罗马神话中海神纳普秋的武器,能显示出海神巨大无比的威力。玛莎拉蒂汽车始终是尊贵品质与运动精神完美融合的象征,代表着非凡的精致、永恒的风格和强烈的情感,最重要的是,代表着梦想成真。

玛莎拉蒂标志

4) 玛莎拉蒂汽车主要车型

玛莎拉蒂汽车主要车型

车型	图示	车型	图示
GranCabrio		Kubang	
总裁		玛莎拉蒂 GT	

5) 玛莎拉蒂发展历程中的经典车型

(1) 玛莎拉蒂 Tipo 26。

1926 年 4 月 25 日 Targa Florio 比赛中初次亮相的玛莎拉蒂 Tipo 26 是历史上的第一辆使用三叉戟商标的玛莎拉蒂汽车。这辆完全由玛莎拉蒂兄弟们自行设计制造的汽车,是一辆具有纯种赛车血统的汽车,而 26 则是为纪念其诞生年份。

(2) 玛莎拉蒂 A6 1500。

早期的宣传手册称其为"Maserati Sport A6 1500 c.c.",不久即更名为"Maserati A6 1500 c.c. Turismo"。这款车的设计于 1941 年在玛莎拉蒂兄弟的指导下开展,当时玛莎拉蒂兄弟已将公司售予摩德纳工业家阿道夫·奥斯,但仍负责研发工作。也正是在奥斯的决策下,玛莎拉蒂公司决定不再局限于生产赛车,开始着眼于重视运动性能的客户群,并着手打造 A6 1500 跑车。1942 年,测试车组装完成,并由吉吉·维洛雷斯进行了试驾,但当时车厂忙于为战争出力,无力继续这款车的开发。直到欧洲大陆战争停息,这一传奇品牌的第一辆公路版车型才得以完工,并于 1947 年 3 月亮相日内瓦车展,轰动一时。

玛莎拉蒂 Tipo 26

玛莎拉蒂 A6

(3) 玛莎拉蒂 GT。

玛莎拉蒂 GT 全称"玛莎拉蒂 Gran Turismo",1947 年,玛莎拉蒂创造了 Gran Turismo 车

型，让驾车旅行成为是一种奢华享受。全新玛莎拉蒂 Gran Turismo 于 2007 年在日内瓦车展首发，它继承了玛莎拉蒂一贯的奢华风格，但却加入了更多科技含量。全新玛莎拉蒂 Gran Turismo 是玛莎拉蒂和宾尼法利纳再度携手创造的经典，其个性鲜明的设计，精致的内饰和玛莎拉蒂传奇 V8 发动机强劲的动力输出受到了广大爱车人士的推崇。

玛莎拉蒂 GT

5) 阿尔法·罗密欧汽车公司

(1) 概述。

阿尔法·罗密欧（ALFA Romeo）是意大利著名的轿车和跑车制造商，创建于 1910 年，总部设在米兰。公司原名 ALFA（Anonima Lombarda Fabbrica Automobili，伦巴第汽车制造厂），其前身最早可追溯至 1907 年由 Alessandre Darracq 在米兰创建的一个汽车公司。1916 年，出生于那不勒斯的尼古拉·罗密欧入主该车厂，并将自己的家族姓氏融入到车厂名称中，从而成为今日的阿尔法·罗密欧。1986 年公司被菲亚特集团收购。

(2) 阿尔法·罗密欧汽车标志。

1910 年，当阿尔法·罗密欧创立的时候，创立者综合两种米兰市的标识而创造了一个徽标：红色的十字是米兰城盾形徽章的一部分，用来纪念古代东征的十字军骑士，吃人的龙形蛇（biscoine）图案则来自当地一个古老贵族家族（Visconti 家族）的家徽，象征着中世纪米兰领主维斯康泰公爵的祖先击退使城市人民遭受苦难的"龙蛇"的传说。两个代表米兰传统并且在意义上没有关联的标识组合成为一体，成为了阿尔法·罗密欧的标志。

阿尔法·罗密欧标志

(3) 阿尔法·罗密欧汽车主要车型。

阿尔法·罗密欧汽车主要车型

车型	图示	车型	图示	车型	图示
ALFA 159		ALFA 4C		ALFA Giulietta	
ALFA 2uettottanta		ALFA 8C		ALFA MiTo	

(4) 阿尔法·罗密欧发展历程中的经典车型。

① 阿尔法·罗密欧 Mito。

阿尔法·罗密欧 Mito 作为一款对抗迷你的微型车,继承了家族优秀的运动性,在欧洲市场被人们亲切地称为意式迷你 Cooper,其超强的性能以及其较小的身形成就了一部很惊艳的小车。阿尔法·罗密欧家族式的窄形三角进气格栅以及格栅上方一直延伸到前风挡的隆起部分堪称最经典的设计,两个可爱的头灯十分讨人喜爱。

② 阿尔法·罗密欧 Giulietta。

Giulietta 最早在 1954 年亮相,凭借优异的性能以及出色的外观设计,Giulietta 在欧洲轿跑车占据一席之地,尤其是在 1956 年赢得了房车赛大奖之后,其名声大震,销售火爆,成为阿尔法·罗密欧主力车型之一。

阿尔法·罗密欧 Mito　　　　　　　　阿尔法·罗密欧 Giulietta

兰博基尼汽车公司

6. 兰博基尼汽车公司

1) 概述

兰博基尼汽车公司(Automobili Lamborghini S. P. A.)是一家坐落于意大利圣亚加塔·波隆尼的跑车制造商,公司 1963 年创立。早期由于经营不善,于 1980 年破产;数次易主后,1998 年归入奥迪旗下,现为大众集团(Volkswagen Group)旗下品牌之一。

2) 创始人

创始人费鲁吉欧·兰博基尼(1916—1993)毕其一生,致力于提高赛车的性能以不断夺取桂冠。他是一个孤僻的人,却能够激励周围每一个人,让他们为了他的目标而各显其能。费鲁吉欧·兰博基尼的故乡因为哺育了他,在某种意义上,已经成为全球高性能汽车领域的首府。

3) 兰博基尼汽车的标志

兰博基尼汽车的标志是一头浑身充满了力气的正准备向对手发动猛烈攻击的犟牛。据说兰博基尼本人就是这种不甘示弱的牛脾气,同时也体现了兰博基尼公司产品的特点。因为公司生产的汽车都是大功率、高速的运动型跑车。车头和车尾上的商标省去了公司名,只剩下一头犟牛。

第 3 章 世界著名汽车公司

费鲁吉欧·兰博基尼　　　　　　　兰博基尼标志

4) 兰博基尼主要车型

兰博基尼主要车型

车型	图示	车型	图示	车型	图示
Aventador		Reventon		Estoque	
Sesto Elemento		Gallardo LP 570-4 Super Trofeo Stradale		Gallardo LP 560-4 Bicolore	
Gallardo LP 550-2 Tricolore		Gallardo LP 570-4 Superleggera		Gallardo LP 550-2	
Gallardo LP 570-4 Spyder Performante		Gallardo LP 560-4 Spyder		Gallardo LP 550-2 Spyder	

5) 兰博基尼发展历程中的经典车型

(1) 兰博基尼 350GTV。

350GTV 由著名的设计师佛朗哥·斯凯荣内(Franco Scaglione)负责外型设计,在意大利都灵完成,而 350GTV 的车架和底盘则在摩德纳完成。该车的 3.5L V12 干式油底壳自然吸气引擎则是在利沃诺设计和制造的。毫无疑问,它的诞生就是为了针对法拉利 250GTO。然而,350GTV 的诞生却并不能让费鲁吉欧·兰博基尼满意,由于对车辆的多处设计以及动力调校的不满,350GTV 只在 1963 年的都灵车展亮相过后就被放弃。

(2) 兰博基尼 MIURA P400。

1966 年 3 月在日内瓦车展全球首发的兰博基尼 MIURA P400,是兰博基尼的首席工程师达拉瑞和设计大师甘迪尼共同完成的大作。MIURA P400 的诞生不仅对兰博基尼意义重大,也对以后的汽车设计产生了重大影响。

兰博基尼 350GTV

兰博基尼 MIURA P400

（3）兰博基尼 ESPADA。

虽然 MIURA P400 的诞生将兰博基尼品牌推上了一个高峰，但在 1968 年诞生的 ESPADA 车型，才是真正意义上兰博基尼被大众所接受的车型，其总销量超过了 1200 台。兰博基尼 ESPADA 采用了 2+2 的四座布局，以及鸥翼式的车门设计，是兰博基尼设计发展史上的一个突破。四座的设计和 3.9L V12 引擎，使运动和舒适在这款运动型跑车上得到了完美的结合，自然而然地推动了该款车的销量。

（4）兰博基尼 JARAMA。

ESPADA 在销量上取得的成功，使兰博基尼因此获得了不错的利润回报，而为了将这种利润回报最大化，兰博基尼还推出了车身更短、更运动的 JARAMA 去吸引年轻的顾客，但都超不过兰博基尼 ESPADA 创造的巅峰。

兰博基尼 ESPADA

兰博基尼 JARAMA

（5）兰博基尼 Urraco。

在 ESPADA 诞生的时间里。兰博基尼没有放弃对其他车型的开发，一款名为 Urraco 的新车诞生，在兰博基尼的发展历史上，可以把 Urraco 当做是装载 V8 引擎的四座版 350GTV。

（6）兰博基尼 Countach。

Countach 是兰博基尼再次联手大师甘迪尼的成功力作，它的诞生奠定了兰博基尼在如今超跑车坛至高无上的地位，也拉开了兰博基尼飞速发展的序幕，为兰博基尼后来的发展以及设计指明了方向，甚至引领了当时整个跑车设计界的潮流。兰博基尼 Countach 的影响之深远，直到 1990 年的另一款经典 Diablo 的诞生，才宣告跑车设计界进入了全新时代。

兰博基尼 Urraco

兰博基尼 Countach

（7）兰博基尼 LM002。

第一次世界石油危机的到来，让兰博基尼的经营陷入了困境，公司开始出现持续亏损。公司的创始人费鲁吉欧·兰博基尼先生不得已卖掉了兰博基尼的控制权。由此，兰博基尼开始进入到一段动荡期。1986 年，处于动荡期的兰博基尼为了获取军方的大额订单，生产了 LM002 的 SUV 车型。也许是因为有着拖拉机的制造经验，LM002 的开发单纯从车型上来说还是成功的。LM002 有着兰博基尼品牌特有的粗犷气质，动力表现上，两款 V12 的引擎动力也让 LM002 有着不错的性能表现。可惜的是，LM002 并未如愿获得军方的订单，一共只生产了 328 台。在今天看来，兰博基尼 LM002 是车辆爱好者追逐的车型。

兰博基尼 LM002

（8）兰博基尼 Diablo。

在 LM002 后，归于克莱斯勒旗下的兰博基尼迎来了自己的新时代顶级跑车——Diablo。Diablo 是兰博基尼和大师甘迪尼再次合作的成果。

（9）兰博基尼 GALLARDO 和兰博基尼 MURCIELAGO。

1998 年，奥迪正式收购了兰博基尼全部的股份，在奥迪集团的带领下，兰博基尼才又重新焕发出活动。MURCIELAGO、GALLARDO 两个车系的诞生使得广大车迷对于兰博基尼品牌的印象更加深刻，而这正是兰博基尼近年来的主打车型，也是大家最为熟悉和喜爱的兰博基尼车型。

（10）兰博尼基 REVENTON。

在 2008 年，兰博基尼推出的一款极具影响力的产品——REVENTON。这款车全球限量 25 台，将兰博基尼这个名字深深地刻入了人们心中。REVENTON 的到来极大地推动了兰博基尼的变革，并坚定了兰博基尼自主设计的决心。

兰博基尼 Diablo

兰博基尼 GALLARDO

兰博基尼 MURCIELAGO

兰博基尼 REVENTON

(11) 兰博基尼 Aventador J。

在 2012 年的日内瓦车展上,兰博基尼汽车公司主席兼首席执行官史蒂文·温科尔曼公布了一款特别版车型 Aventador J 的相关细节。Aventador J 全球仅限量一台,这意味着没有该款车型的车模,也没有可供存放在兰博基尼博物馆的展车。Aventador J 名称中的 J 是为了向曾经撞毁的测试车 Miura P400 Jota 致敬。兰博基尼以这个特别的方式使富有传奇色彩的 Jota 车型得到了复活。

(12) 兰博基尼 Egoista。

在 2013 年 5 月举行的兰博基尼的 50 周年庆典上,出现了科幻级巨作——兰博基尼 Egoista。兰博基尼 Egoista 的设计非常前卫,不符合当时大多数人的审美,但从"路上战斗机"的设计理念上来看,就会发现 Egoista 的诞生是伟大的。Egoista 有着超凡无比的空气动力学设计,大量运用碳纤维材料,装配了 5.2 L V10 自然吸气引擎,这款车可以轻易突破300 km/h。

兰博基尼 Aventador J

兰博基尼 Egoista

兰博基尼 Veneno

(13) 兰博基尼 Veneno。

在 2013 年日内瓦车展上展出了兰博基尼一个纪念版的新型号,只生产 3 辆的兰博基尼 Veneno 被展出和出售。它的设计兼顾了最佳空气动力学性能和过弯的稳定性,给 Veneno 真正的高速赛车的独特体验,并且具有良好的道路适应性。

兰博基尼 Veneno 最大输出功率为 552 千瓦/750 马力,100 km/h 加速时间为 2.8 s,设计最高速度为 349.6 km/h。

7. 布加迪汽车公司

1）概述

布加迪是世界著名的老牌运动车品牌，1909年意大利人埃多尔·布加迪（Ettore Bugatti）在法国创建布加迪公司，专门生产运动跑车和高级豪华轿车。布加迪的产品，做工精湛，性能卓越，它的每一辆轿车都可誉为世界名车，1956年停产。1990年意大利工业家罗曼诺·阿蒂奥利买得布加迪商标所有权，在意大利重建布加迪汽车公司，重新生产高性能、高质量的运动车及轿车。布加迪总计生产汽车七千余辆。1998年被德国大众集团收购，现归属大众旗下。

布加迪总部

其厂址地理位置有过几次变化，1909—1918年在德国境内，1919—1956年在法国境内，1991年重新建厂后在意大利境内。布加迪威航EB16.4曾经创造过非官方世界量产车最快纪录407 km/h。后被Shelby Supercars（SSC）旗下的Ultimate Aero Twin Turbo，以411.76 km/h的平均速度打破（吉尼斯纪录承认），布加迪于2010年7月推出布加迪威航Supersport终极款，最终以平均431 km/h的速度再度拿下世界量产车最快纪录（吉尼斯纪录承认）。

2）创始人

埃托里·布加迪，1881年生于意大利米兰，父亲是画家，也是著名的家具设计师。以布加迪为品牌的车型在世界多个著名汽车博物馆中都可以看到。

3）布加迪汽车标志

布加迪商标中的英文字母即布加迪，上部EB即为埃托里·布加迪英文拼音缩写，周围一圈小圆点象征滚珠轴承，底色为红色。

埃托里·布加迪

布加迪标志

4）布加迪发展历程中的经典车型

（1）布加迪Type35。

布加迪Type35最初面世于1924年，在当年8月里昂举办的欧洲大奖赛上，六台Type35首次启动。虽然选用了全新的轮胎，但因为硫化工艺有误，导致所有参赛车辆都在赛程中遇到了麻烦，最终并未取得佳绩，不过这并不妨碍其在之后几乎成为了赛场霸主的角色。品牌创立者埃托里·布加迪先生为其采用了一些新部件，包括改为简洁马蹄形的散热器和采用铝制辐

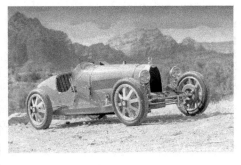

布加迪Type35

条车轮等,其中马蹄形的散热格栅直至今日仍是布加迪顶级豪华跑车上的标志性识别元素。

(2) 布加迪 Royale Type41 Coupe Napoleon。

该车整车采用金属制造,整个车架、排气管、油箱、完整的避震结构和钢片、传动轴等都是金属制件。各种电线(包括极细的钢缆)、悬挂系统等也都为金属制造。

(3) 布加迪 Type57 SC Atlantic Coupe。

布加迪在历史上一共生产了3辆 Type57 SC Atlantic Coupe,其中一辆在20世纪50年代的一场交通事故中毁坏。布加迪 Type57 SC Atlantic Coupe 在法国制造生产,其独特之处在于铝外壳下面是木制框架,彰显了品牌的古典韵味。而且,该款车前车身特别长,车内空间呈圆形,显得独特别致。另外,五根排气管设计异常优雅,独一无二。

布加迪 Royale Type41 Coupe Napoleon

布加迪 Type57 SC Atlantic Coupe

布加迪 EB110

(4) 布加迪 EB110。

1987年意大利企业家罗曼诺·阿蒂奥利买下布加迪品牌,之后成立 Bugatti Automobili S. p. A,公司总部设在意大利北部有超跑原乡之称的莫得纳。EB110 是布加迪成为一家意大利车厂之后唯一一个在市场上销售的车款,也是第一次品牌中兴之后的唯一一部量产车。EB 代表布加迪创办人,110 则是为了纪念创办人诞辰110年。新的布加迪老板请来了林宝坚尼的前设计师马塞罗·甘迪尼来主导设计这一台车,这是一部中置引擎的双门跑车,车门为上掀式开启,车头保留了布加迪早年的特色——拱形进气孔,打造这部车的目的就是要让它成为世界上最快的量产车。而事实上,在1995年 McLaren F1 问世之前 EB110 确实是世界上最快的量产车。

布加迪 16C Galibier

(5) 布加迪 16C Galibier。

16C Galibier 是超豪华汽车品牌布加迪在 2009 年推出的一款全新的四门四座概念车型,其市场定位略高于布加迪威龙,该款车型已于 2014 年正式投产。Galibier 外观超凡大气,车尾8个工艺精湛的排气管暗示出了其高功率 8.0 L 发动机的澎湃动力。Galibier 的内部也达到了极致奢华,除了车窗和顶篷,目之所及的地方均采用真皮包裹。布加迪 16 Galibier 的量产版本售价 144 万美元起,进入中国市场后其价格高达2800万元起。

(6) 布加迪威航。

布加迪威航是布加迪品牌的得意之作,世界驰名。世界汽车业界传奇品牌布加迪与奢侈品品牌爱马仕共同推出的布加迪威航·爱马仕特别版于2008年9月9日首度亮相亚太地区,2015年2月,大众汽车集团售出了第450辆也是最后一辆威航,标志着威航退出历史舞台。

布加迪威航

3.1.3　法国著名汽车公司

1. 标致汽车公司

1) 概述

标致汽车公司总部设在法国巴黎,是欧洲老牌的汽车生产企业,其历史可以上溯到15世纪。然而制造汽车并不是标致的全部历史,更不是标致创立初期的主营业务,标致曾涉足制造业的诸多领域:五金工具、家用器皿、裙撑、望远镜、夹鼻眼镜弹簧、锯条、外科手术器械、猎枪、收音机、缝纫机等。在汽车时代来临之前,标致自行车、摩托车和运输车辆的生产规模一度相当庞大,从而延伸到了汽车行业。

2) 创始人

阿尔芒·标致(1849—1915),法国标致汽车公司的创始人,出身于工业世家。标致家族从19世纪初叶起就在法国杜斯(Doubs)生产各种钢铁制品,选用雄狮雕塑作为企业的商标。到阿尔芒·标致接管企业时,让标致公司已经是法国最重要的自行车制造商之一。让标致公司走上汽车之路的关键人物是阿尔芒·标致,他在巴黎中央高等工艺制造学校学习工程技术后又到英国深造,在那里接触了还处于萌芽状态的汽车工业。1871年,22岁的阿尔芒·标致回国,认定公司应当发展汽车。

阿尔芒·标致

1889年,标致Ⅰ型蒸汽汽车在巴黎国际博览会展出。1890年第一辆汽油机驱动的标致汽车——标致Ⅱ型汽车问世,这是德国以外出现的第一辆内燃机汽车。1891年9月6日标致Ⅲ型四轮车正式向公众露面,还参加了全程2045 km的越野行驶,这辆装了内燃机的四轮车用139 h跑完了2045 km全程,轰动了世界,人们才确信汽车已经可以实用了。1896年,标致正式创建了标致汽车公司,成为法国主要的汽车厂家之一。由于法国人敏锐的判断力,特别是法国开明的法律制度使法国成了最早普及汽车的国家。此时,标致汽车公司也成为世界上第一家真正的汽车制造商。标致使汽车从样品变成了商品,从一项研究变成了一门工业。

3）标致汽车的标志

雄狮形象是标致品牌的标志,1847年应用于标致的锯条产品,1880年中期演变为标致唯一的制造商标。作为品牌的象征,狮子的形象不断发生变化,演绎出跨越多个世纪的传奇。1882年,狮子标志出现在自行车上;1901年用于摩托车;1920年,新的狮形出现了:铜制的狮子立于水箱盖上,姿态咄咄逼人,增添了标致汽车的独特个性;1933年,标志又发生变化,这次是一只吼狮的头像,置于前栅板顶端。这个形象在1930—1950年一直使用。1957年出现了后腿直立的狮子纹章图案,是所使用标志的前身。新的狮形用于203车型。1975年,以轮廓线勾勒且镀铬、中部镂空的狮子标志出现,应用于标致所有车型。2010年元月,标致的狮形标志经历了第十次更换,以崭新的面貌迎接标致品牌200周年的到来。

1847	1882	1901	1933
1957	1975	2001	2010

标致标志演变

4）标致汽车主要车型

标致汽车主要车型

车型	图示	车型	图示	车型	图示
207		307		308	
408		508		3008	

续表

车型	图示	车型	图示	车型	图示
2008		308CC			

5）标致发展历程中的经典车型

整个标致家族在此之前的一个世纪里一直从事着制造业，而且就在世界上第一辆汽车诞生之前，他们生产的蒸汽动力机车还在巴黎万国博览会上广受赞扬。

(1) 标致 Type Ⅱ。

1891 年，命名为"Type Ⅱ"的标致汽车开始批量生产，这代表着一个汽车巨人的诞生。在之后的几年里，标致公司几乎每年都会推出新车型。

(2) 标致 36 型。

1901 年推出的标致"36 型"有着巨大的意义。该车采用了前置发动机，成为了现代汽车的雏形。

Type Ⅱ

标致 36 型

(3) 标致 BPI。

BPI 轿车在当时是时尚、漂亮的代名词。在上市后的 4 年里，BPI 销售了 3095 辆，这在当时是个令人吃惊的数字。

(4) 标致 163。

在第一次世界大战结束之后，汽车不再是富人才能享有的奢侈的交通工具，逐渐进入百姓家庭。标致公司适时设计生产造价低廉的 163 型汽车，该车型对法国轿车的普及做出了积极贡献。

(5) 标致 201。

1929 年，标致公司生产了 201 车型。该车型是标致公司第一次采用中间数字为 0 的 3 位数字命名法生产的车型。这种命名法一直沿用至今。

(6) 标致 402。

1935 年推出的标致 402 装备了电子换挡的半自动变速箱，其为标致生产的第一辆流线型轿车，同时 402 还匹配硬顶敞篷，开了敞篷车的先河。此外 402 还获得了 1938 年勒芒 24 h 耐力赛的冠军。

标致 201

标致 402

（7）标致 202。

1938 年开始生产的标致 202 经济型轿车的年产量达 5 万辆,该车型为标致汽车厂的利润源泉。

（8）标致 203。

1948 年,法国解放后,标致在新的流水线上设计生产全新标致 203 紧凑型轿车,该车采用了当时最先进的承载式车身结构,为当时欧洲技术最为先进的紧凑型车。

标致 202

标致 203

（9）标致 403。

1955 年推出的标致 403 体现了 20 世纪 50 年代标致汽车的最高水平,车身外形为意大利著名的设计师平尼法瑞那设计。同年,标致汽车的年产量突破了 10 万辆。

（10）标致 404。

标致公司 1960 年推出标致 404,车身外形依然是平尼法瑞那设计。标致 404 因其典雅大方的造型和先进的技术获得了汽车业很高的评价,销售量极大,直到 1972 年,生产线才关闭。

标致 403

标致 404

（11）标致 504。

1969 年,标致 504 中型轿车问世。同年,标致汽车成为法国第二大轿车制造商,年产量近 50 万辆。

标致 504

2. 雪铁龙汽车公司

1) 概述

雪铁龙公司创立于 1915 年,其主要产品是小客车和轻型载货车,总部设在法国巴黎。第一次世界大战结束之后,雪铁龙公司才开始从事汽车制造。1934 年生产出法国第一辆前轮驱动汽车。雪铁龙公司是法国最早采用流水线生产汽车的公司,所以雪铁龙公司成立仅仅 6 年,其年产量即突破 100 万辆。1976 年雪铁龙公司加入标致集团,但其仍有较大的独立性,其经营活动仍然由自己把握。

2) 创始人

安德烈·雪铁龙(1878—1935),法国雪铁龙汽车公司的创始人,发动机前置前轮驱动汽车技术的发明者。雪铁龙 1878 年 2 月 5 日出生于法国巴黎,年轻时就认定科技进步将给人类带来幸福,所以选择巴黎综合工科学院就读,准备将来当一名工程师。1900 年,大学毕业的雪铁龙去波兰外婆家探亲度假,在旅途中偶然注意到一个装置上按"人"字形拼成的齿轮,这个小发现给了他灵感,从外婆家回来后,雪铁龙发明了人字形齿轮传动系统。1905 年,雪铁龙建立了一个自己的小公司,专门生产自己的专利产品,因为人字形齿轮运转平稳和效率高,产品很快开始销往整个欧洲。1912 年,雪铁龙来到了美国,参观了亨利·福特的汽车厂,这次参观给了他极大的震动,明白了在齿轮之后,自己应该做什么,那就是生产汽车。雪

安德烈·雪铁龙

铁龙十分欣赏福特公司的大批量流水线生产方式,并把它第一次引入了法国,在自己的工厂里进行试验。1913 年,雪铁龙把自己的公司定名为雪铁龙齿轮工厂,专门从事齿轮传动机的生产,同时开始生产汽车。1919 年,在欧洲率先批量生产 A 型车以后,产量迅速提高,到 1924 年,日产量达 300 辆,雪铁龙公司成了欧洲成功的汽车厂家之一。1924 年 7 月 28 日,雪铁龙汽车公司正式挂牌成立。雪铁龙在生活上不求豪奢,不断地投资于工厂和开发新车型,追求技术上的不断进步,他甚至声称"只要主意好,代价不重要"。1937 年 7 月去世,年仅 57 岁。

3) 雪铁龙汽车标志

1900 年,安德烈·雪铁龙购买了人字形齿轮专利。1912 年,安德列·雪铁龙开始用人字形齿轮作为雪铁龙公司产品的商标。后来,雪铁龙曾组织过横穿非洲大陆和横越亚洲大陆的两次旅行,使雪铁龙汽车名声大振。法国人生性开朗,喜欢新颖和漂亮的事物,"雪铁龙"轿车就表现了法兰西这种性格,每时每刻都在散发着法国的浪漫气息。

汽车文化

雪铁龙标志

4）雪铁龙主要车型
① 国产车型。

国产车型

车型	图示	车型	图示	车型	图示
爱丽舍		毕加索		凯旋	
世嘉		雪铁龙 C2		雪铁龙 C5	

② 进口车型。

进口车型

车型	图示	车型	图示
Berlingo Multispace		DS4	
雪铁龙 C1		DS5	
雪铁龙 C4		Crosser	
DS3			

· 76 ·

5) 雪铁龙公司发展中的经典车型

(1) 雪铁龙 Type A。

1919年6月4日,法国首款批量生产的汽车——雪铁龙 Type A 问世。当年 A 型车每天产出30辆,年销售达万辆以上。

(2) 雪铁龙 B10。

1924年,欧洲第一辆全钢车身量产车型雪铁龙 B10 问世。该车身由经过冷冲压、通过焊接装配元件构成,不仅对冲击有更大的抗力,提高了车辆的耐用性及行车安全性。

雪铁龙 Type A

雪铁龙 B10

(3) 雪铁龙 7A。

1934年,雪铁龙汽车公司推出前驱动车 7A。该车采用全承载式钢制车身,外观有了较大改进,更符合空气动力学,车速得到了很大提高。前驱动车 7A 以生产了23年4个月15天创下了世界纪录,共生产了759123辆。

(4) 雪铁龙 2CV。

由于第二次世界大战的爆发,1939年就已经研制成功的 2CV 直到1948年才得以面世。这款车的设计传承了安德烈·雪铁龙"使汽车成为普通百姓用得起,买得起的日用品"的汽车理论,为战后广大的劳动者提供了一款价格低廉,占用资源较少的汽车。2CV 成为象征自由的一款车,风靡欧洲,共制造511万辆。

雪铁龙 7A

雪铁龙 2CV

(5) 雪铁龙 DS。

雪铁龙 DS 首次出现在1955年的巴黎车展上,车身采用了铝合金和塑料等新材料,符合空气动力学的线条和圆形造型令人耳目一新。DS 真正的革命性成果还要首推高压液压中心,承担了控制所有运动部件的作用。这种悬挂靠油和气相互作用,取代了传统机械弹簧,驾乘舒适。

(6) 雪铁龙萨拉·毕加索。

萨拉·毕加索首次亮相于1998年10月的巴黎国际车展。萨拉·毕加索充分发挥了法兰西文化的浪漫、时尚创新及细致周到的全新设计,其突破了传统汽车的设计框架,流畅的线条一气呵成。

汽车文化

雪铁龙 DS

雪铁龙萨拉·毕加索

3.1.4 英国著名汽车公司

1. 劳斯莱斯

1) 劳斯莱斯汽车概述

劳斯莱斯(Rolls-Royce)是世界顶级豪华轿车厂商,1906年成立于英国。劳斯莱斯出产的轿车是顶级汽车的杰出代表,以豪华而享誉全球。除了制造汽车,劳斯莱斯还涉足飞机发动机制造领域,它也是世界上最优秀的发动机制造者,著名的波音客机用的就是劳斯莱斯的发动机。2003年劳斯莱斯汽车公司被宝马汽车公司接管。

2) 劳斯莱斯创始人

劳斯莱斯创始人是查理·劳斯和亨利·莱斯,两人的出身、爱好、性格完全不同,但对汽车事业的执着和向往,使他们成为一对出色的搭档。

查理·劳斯和亨利·莱斯

查理·劳斯出身英国贵族家庭,毕业于剑桥大学,是英国汽车爱好者的前驱,也是最早的汽车运动推进者之一。他的最终志愿是要将自己的名字与高质量的汽车联系在一起。亨利·莱斯出生于一个普通家庭,因父亲逝世,被迫上街卖报纸,养活母亲和姑妈。之后他做了各种工作,无所不包,在工作期间,他积累了很多知识。在机械方面莱斯具有惊人的天赋。

1904年,在曼切斯特由莱斯生产的那辆两缸发动机的汽车引起了劳斯的注意。这款车采用按钮式设计,行驶相当平稳,更重要的是它的低故障率。于是劳斯极力促进两人的合作。劳斯负责销售,由莱斯负责设计和生产,两人联手打造出耀眼的"劳斯莱斯"品牌。

劳斯于1910年7月12日遭遇空难,莱斯于1933年4月22日去世。

3) 劳斯莱斯汽车标志

查理·劳斯和亨利·莱斯第一次握手距今已超过100年,根据两人于1904年签订的协议,莱斯负责造车,而劳斯则负责卖车。两年之后二人的公司正式合并,立志生产"世界上最好的汽车"。劳斯莱斯的标志图案采用两个"R"重叠在一起,象征着你中有我,我中有你,体现了两人融洽及和谐的关系。而著名的飞天女神标志则是源于一个美丽的爱情故事,这个车标的设计者是英国画家兼雕刻家查尔斯·赛克斯。20世纪初,经朋友蒙塔古介绍,赛克斯负责为劳斯莱斯设计一尊雕塑车标。当时,已婚的蒙塔古疯狂地爱着他的女秘书桑顿,恳请赛克斯以桑顿为原型设计车标。所以,赛克斯的最初设计中,雕像是一尊披着长袍的女人将手指放在嘴唇上,象征着蒙塔古与桑顿之间不能说的秘密情史。

这个恋爱故事历经重重磨难,桑顿身份曾是脱衣舞女郎,所以两人根本无法在一起生活,在得到家庭与蒙塔古妻子的谅解后,两人最终可以走到一起,不幸的是,一战期间,蒙塔古被派往印度考察机动化部队,他与桑顿于1915年12月13日登船,后来船被德军鱼雷击中,蒙塔古生还,而桑顿却随轮船葬身海底。后来,他们这段美好又略带凄惨的爱情故事就保留在了这个车标上,劳斯和莱斯二人也是蒙塔古的好友,他们得知这件事之后非常感动。后来,他们邀请赛克斯又把它改为双手如羽翼般向后伸展的形象,也就是今天的"飞天女神"。1911年,它正式成为劳斯莱斯车的车标。从此,劳斯莱斯的飞天女神车标更是美丽的爱情象征了。这尊女神像的制作过程也极为复杂。它采用传统的蜡模工艺,完全用手工倒模压制成型,然后经过至少8遍的手工打磨,再将打磨好的神像置于一个装有混合打磨物质的机器里研磨65 min,做好之后的女神像还要经过严格的检验。

双 R 标志　　　　　　　　　　金色飞天女神

4) 劳斯莱斯汽车发展史上的经典车型

(1) 10HP。

1904年,莱斯在曼彻斯特工厂制造了自己的第一辆汽车,命名为10HP。

(2) 完美的2缸发动机汽车。

1904年莱斯制造的2缸发动机汽车,被劳斯认为是完美之作。

10HP　　　　　　　　　　　　**2缸发动机汽车**

银色魔鬼

(3) 银色魔鬼。

1907年劳斯莱斯设计生产了极富绅士风度的"银色魔鬼"(Silver Ghost)高级轿车,它制作工艺考究,技术性能优越,能够连续行驶22500多千米,创造了当时的世界纪录。在第一次世界大战时,银色魔鬼被指派为装甲车,即使在炙热的沙漠中,也展现出了惊人的操控性能及可靠性。该车的设计理念也与当时其他品牌迥然不同,例如,为让乘者以最优雅的姿势下车,劳斯莱斯的车门是向后打开的。此类细节使它被当时的新闻界公认为世界上最好的汽车。

(4) 幻影。

1925年起,幻影(Phantom)系列问世,包括幻影Ⅰ~Ⅵ,该系列在劳斯莱斯车系中声名最为持久。其中的"幻影Ⅲ"为第一辆装配12缸发动机、时速160 km的汽车,而幻影Ⅳ开始了与英国王室有了缘份。

幻影系列

(5) 银色幽灵。

1947年,银色幽灵(Silver Wraith)问世。该款车从战前即开始设计,为第二次世界大战后的第一部劳斯莱斯汽车。这款车比宾利MARK VI寿命更长久,银色幽灵不断地做出改进,一直延续到1959年。

(6) 银色黎明。

1949年,银色黎明(Silver Dawn)针对美国市场生产,然而这款车和幻影Ⅲ一样不幸,劳斯莱斯公司始终没有办法克服车体生锈的问题。如果现在能够看到一辆保存完好的原版银色黎明,那么它的所有者一定在几十年的时间里花费了高额的保养和维护费用。

银色幽灵　　　　　　　　　　银色黎明

(7) 银色云彩。

1955年,银色云彩(Silver Cloud)问世,Silver Cloud I 是在劳斯莱斯应用现代设计前的最后一款车型。革新时期劳斯莱斯带着不可磨灭的古典式经典风格,直到跨入现代设计的世界中。

(8) 银色阴影。

1965年,银色阴影(Silver Shadow)是显出老态的劳斯莱斯的革新之作。当时劳斯莱斯感觉到自己的汽车在造型方面已经不能满足消费者的口味了,于是推出这个新的车型来振兴品牌。这是第一辆采用承载式车身的劳斯莱斯,也是销量最大的劳斯莱斯,在16年里售出了34000辆,同时它还是最后一辆仍保持几分经典特色的劳斯莱斯。在这个时期,公司的管理层实际上已经意识到任何人都必须跟上时代的步伐,劳斯莱斯也不能例外,Silver Shadow 也称得上是顺应时代的产物,于1983年停产。

银色云彩

银色阴影

(9) 银影Ⅱ。

1979年为了庆祝75周年纪念,劳斯莱斯限量发行100辆银影Ⅱ,25辆在英国市场销售,75辆销往海外市场。

(10) 险路。

1971年,险路(Corniche)问世,险路是银色阴影的分支车型,为劳斯莱斯的第一部敞篷跑车,70年代中期对这个型号的车子需求大增,订单排队达四年之久,仍供不应求。该款车型也是2002年英国本土生产的最后一部劳斯莱斯所属车型。

银影Ⅱ

险路

(11) 卡马格。

1975年,劳斯莱斯卡马格(Camargue)问世,车身由意大利著名大师平尼法瑞那设计,但仍然保留了英国特有传统：高贵、神圣、端庄。这部车到 1986 年止，共生产了 531 辆而成为历史。

（12）银色精灵及银色马刺。

1980 年，银色精灵（Silver Spirit）、银色马刺（Silver Spur）是劳斯莱斯汽车公司被 Vickers 公司收购后进行品牌更新换代后的车型。劳斯莱斯加长车的款式主要是银色马刺（Silver Spur Centenary）系列，该车加长后更显气派、豪华，加上其令人惊讶的价格和稀有程度，劳斯莱斯马刺系列加长车完全可与"世界第一车"奔驰 1000SEL 相媲美，有过之而无不及。加长银色马刺全球仅限量 25 台，相当稀有。

卡马格　　　　　　　　银色精灵　　　　　　　　银色马刺

（14）全新幻影。

2003 年，全新幻影面世，它是宝马接手劳斯莱斯后发布的第一款劳斯莱斯，这款车的设计师只有 20 多岁，但极有才华，他认真研究了劳斯莱斯近百年来的车型，特别将 20 世纪 30 年代劳斯莱斯车型的一些特点融入到新车的设计中，如发动机前罩很大，而车窗比例却很小，这种特点很符合现代富豪对汽车私密性的要求，所以它在欧美和亚洲都非常受欢迎。

全新幻影

2. 宾利

1) 概述

从 1919 年宾利的第一辆汽车诞生之日起，近百年来，宾利的品牌历经时间的洗礼，却历久弥新，熠熠生辉。宾利由于财政问题在 1931 年被劳斯莱斯收购，极尽奢华的内饰和精良的手工制造工艺，确立了宾利与劳斯莱斯同样的超豪华皇家风范。1998 年，宾利被大众公司收购，一度有人担心宾利的形象会被改变，但后来推出的雅致 RedLabel 完全消除了人们的顾虑，德国人并没有改变宾利，保持着其英国皇家的纯正血统。

宾利厂址

宾利生产线

2) 宾利汽车创始人

沃尔特·宾利(Walter Bently,1888—1971),1888 年 9 月 16 日出生在伦敦。他从小对所有的机械着迷,从学校毕业以后,宾利成为一名铁路工程师,曾在铁路公司工作。不久,他对汽车产生了浓厚的兴趣,致力于高档运动汽车的设计开发,成立了自己的公司,并在 1919 年的汽车展上,推出了以自己名字命名的宾利 3.0 汽车,从此宾利公司走上了专业设计高档跑车、赛车的历程。接下来的 10 年,是宾利最辉煌的时期,他几乎包揽了每一届著名的勒芒 24 h 耐力赛的冠军。

3) 车标含义

宾利车标设计运用简洁圆滑的线条,晕染、勾勒形成一对飞翔的翅膀,整体恰似一只展翅高飞的雄鹰。中间的字母"B"为宾利汽车创始人名字的首字母,令宾利汽车既具有帝王般的尊贵气质,又起到纪念设计者的意味。

另外,在部分高端宾利车型如慕尚、雅骏、布鲁克兰等的前引擎盖上还装有一枚与主体标志构成相同的立体标志,这一点与劳斯莱斯的飞天女神立体标志有着异曲同工之妙。

沃尔特·宾利

沃尔特·宾利

4) 宾利车型

每一辆宾利汽车都可以说是个性十足,风格独特,而宾利配件装饰更为宾利车增添更多的个性化元素,这些均来自 Crewe 的设计队伍以确保能充分体现每款宾利车型的独特设计风格。即使在第一次世界大战期间,宾利也以生产航空发动机而闻名。宾利所呈现给世人的永远是动力、尊贵、典雅、舒适与精工细做的最完美结合。宾利源于赛车,赛车场之于宾利,就如同它心灵的故乡。在汽车工业发展的初期,汽车在欧洲是贵族的专利品,赛车是深受当时富人欢迎的娱乐项目。

宾利车型

车型	图示	车型	图示
Brooklands		慕尚	
欧陆		雅俊	

5) 宾利发展历程中的经典车型

(1) 宾利 Speed 6。

宾利 Speed 6 车型拥有 180 马力和 142.7 km 的急速表现,由法国南端坎城开出的特快列车进行速度对决并取得胜利。从此,宾利 Speed 6 车型更有了"Bentley Blue Train"的别名。

(2) 宾利 8.0。

1930 年推出了宾利 8.0,在当时,速度已高达 200 km/h。

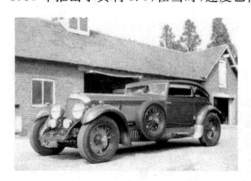

宾利 Speed 6　　　　　　　　　宾利 8.0

(3) 宾利 3.5。

1933 年,第一辆由宾利设计,由劳斯莱斯负责生产的宾利 3.5 问世,该车有明显的劳斯莱斯的风格,在当时是非常流行的款式。

(4) 宾利 Mark Ⅵ。

1946 年,宾利的生产线迁往英国克鲁郡,此时劳斯莱斯和宾利已经划分为两个独立的品牌。同年,宾利推出了由著名设计师伊万·艾文登设计的宾利 Mark Ⅵ 汽车。该车在市场上大获成功。在 1952 年,销量高达 5200 辆,成为宾利历史上最畅销的车型。

宾利 3.5

宾利 Mark Ⅵ

（5）宾利 State Limousine。

宾利品牌继承了英国工厂的手工制造传统,在 2002 年举世瞩目的英国女王伊丽莎白登基 50 周年庆典上,英国皇室选择了宾利品牌的 State Limousine,并将宾利品牌确定为皇室唯一专用的品牌。

（6）宾利飞驰 V8。

宾利推出全新飞驰 V8,全球最佳超豪华四门轿车再添典范新作。宾利汽车为飞驰的动力单元新增了 V8 发动机配置,以全新的动力表现诠释这款全球最受青睐的超豪华四门轿车,为客户带来更多动力选择。作为新飞驰 W12 旗舰车型的兄弟车型,新飞驰 V8 集飞驰众多非凡特质于一身,拥有极具雕塑感的凌厉车身外观,精湛考究的制车工艺以及先进完善的高科技配置。新飞驰 V8 吸引了很多新客户选择宾利品牌,特别是计划升级原有高级四门轿车的客户群体。

宾利 State Limousine

飞驰 V8

3.阿斯顿·马丁

1）概述

英国的阿斯顿·马丁由莱昂内尔·马丁和罗伯特·班福特于 1913 年共同组建,公司名为 Bamford & Martin。原是英国豪华轿车、跑车生产厂,以敞篷旅行车、赛车和限量生产的跑车而闻名世界。虽然带有保守和固执的绅士风格,但却令阿斯顿·马丁的每一种款式更久负盛名,毫无过时之感。其品牌一直是造型别致、精工细作、性能卓越的运动跑车的代名词,它在汽车市场上和车主的心中始终占有特殊的位置。在 100 多年的品牌经营过程中,阿斯顿·马丁总产量虽只有区区 16000 辆,但仍有将近其总量四分之三的阿斯顿·马丁在使用中。

2）品牌标志

阿斯顿·马丁汽车标志为一只展翅飞翔的大鹏,喻示该公司像大鹏一样,具有从天而降的冲刺速度和远大的志向，标志上注有阿斯顿、马丁英文字样。随着公司的不断发展壮大，这只大鹏也深深地印在人们的脑海中。

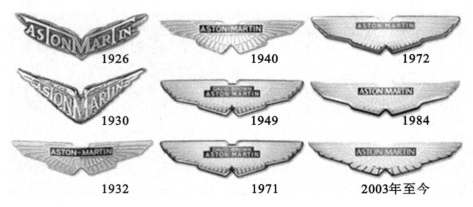

阿斯顿·马丁车标演进

3）阿斯顿·马丁主要车型

阿斯顿·马丁主要车型

车型	图示	车型	图示	车型	图示
DB9		Lagonda		Rapide	
V12 Vantage		V8 Vantage		Virage	
One-77		DBS			

4）阿斯顿·马丁发展历程中的经典车型

（1）阿斯顿·马丁 Coal Scuttle。

第一辆装有考文垂单边阀发动机的阿斯顿·马丁于1915年成功制造，并于同年3月16日注册专利，这就是后来出名的阿斯顿·马丁 Coal Scuttle。

（2）阿斯顿·马丁 V12。

1937年，就在阿斯顿·马丁4.5L 6缸型号的赛车赢得了勒芒比赛后两年，阿斯顿·马丁V12上市，这是一款拥有独立悬架，性能强大的赛车。

（3）阿斯顿·马丁 DB5。

1963年，使用4.0 L版本发动机的阿斯顿·马丁 DB5 上市。1964年，阿斯顿·马丁 DB5 首度运用在007系列电影的《金手指》中，从此阿斯顿·马丁作为邦德系列的专用座驾。

阿斯顿·马丁 Coal

阿斯顿·马丁 DB5

4. 捷豹

1) 概述

捷豹(JAGUAR)始终致力于为用户提供优雅迷人而又动感激情的汽车,在其历史发展的不同时期也涌现出了多款经典车型,奠定了捷豹品牌引领时尚潮流的地位。从连续多年登顶勒芒赛场的捷豹 D-Type,到被纽约现代艺术博物馆列为永久珍藏品的捷豹 E-Type,再到被人们称为所能想象的最美观汽车的 XJ13,从十年畅销的捷豹 XK8,再到全新捷豹 XK,无论在哪个时期,捷豹始终以其优雅迷人的设计和卓越不凡的技术引领着豪华车市场的新潮流,成为代表时尚的奢华标志,并借此在全球吸引了无数的追随者。

2) 创始人

1901 年 9 月 4 日,威廉·里昂斯出生在美国西北部布莱克浦。里昂斯在少年时期就非常喜欢摩托车,拥有一辆哈雷或者 Brough Superioors(英国摩托车中的劳斯莱斯)是他狂热的梦想。1922 年,里昂斯遇到了同样酷爱摩托车的伙伴威廉姆斯·沃姆斯勒,两个志同道合的青年一拍即合,投资成立了麻雀摩托车公司(Swallow Sidecar)。这是里昂斯商业生涯取得的第一次成功。麻雀摩托车后来成为了摩托车史上的一大经典款型。

随着麻雀摩托车公司在摩托车产业上的巨大成功,野心勃勃的里昂斯开始进军汽车行业。1930 初,里昂斯开始将精力转移到跑车研发上面来,于是有了捷豹的第一辆跑车——SS100 型跑车的横空出世。这款安装了 3.5 L 发动机、最高时速可以达到 160 km 的跑车对于许多人来说,就是战前流行跑车的缩影,也是里昂斯的巅峰之作,为麻雀摩托车公司赢得了巨大的利润。

威廉·里昂斯

捷豹总部

3) 捷豹汽车标志

捷豹是英国轿车的一种名牌产品,商标为一只正在跳跃前扑的美洲豹雕塑,矫健勇猛,形神兼备,具有时代感与视觉冲击力,它既代表了公司的名称,又表现出向前奔驰的力量与速度,象征该车如美洲豹一样驰骋于世界各地。

汽车文化

捷豹标志

4) 捷豹汽车主要车型

捷豹汽车主要车型

车型	图示	车型	图示
XF		XJ	
XJL		X-Type	

5) 捷豹汽车发展中的经典车型

(1) 捷豹 SS100。

1938 年生产的 SS100,是捷豹的全球首款汽车。配备的头灯横梁处烙印着"100"徽标。凭借其流畅的弧线外形和优美的细节设计,SS100 成为竞技之选并在阿尔卑斯山路汽车拉力赛和英国 RAC 汽车拉力赛中获奖。

(2) C-X75。

2010 年 9 月 30 日,捷豹 C-X75 增程型电动超跑概念车在 2010 年巴黎车展全球首度炫目亮相。C-X75 的诞生不仅为了庆祝捷豹 75 年的辉煌成就和夺目未来,更表明捷豹将在汽车制造之路上,继续坚持打造"优雅迷人而又动感激情"的汽车。捷豹 C-X75 以不断革新的设计语言全情演绎,并向公司发展史上的经典车款致敬。

捷豹 SS100

捷豹 C-X75

(3) E-Type。

捷豹 E-Type 或称 XK-E 是捷豹公司于 1961 年至 1974 年间制造的跑车。E-Type 的跑车设计是革命性的，它的表现、操纵性和外观都超越了其所处的时代，而且它的售价远远低于竞争车型，使它成为高销售量的高性能汽车。在其生产的 14 年间，捷豹 E-Type 的销量超过了 70000 辆。

E-Type

3.2 美洲著名汽车公司

3.2.1 通用汽车公司

1. 概述

通用汽车公司（General Motors Corporation，简称 GM）成立于 1908 年 9 月 16 日，自创建以来，通用汽车在全球生产和销售包括雪佛兰、别克、GMC、凯迪拉克、宝骏、霍顿、欧宝、沃克斯豪尔以及五菱等一系列品牌车型，2014 年，通用汽车旗下多个品牌全系列车型畅销于全球 120 多个国家和地区，包括电动车、微车、重型全尺寸卡车、紧凑型车及敞篷车。

通用集团

通用旗下品牌

2. 创始人

威廉·C·杜兰特（1861—1927），美国通用汽车公司的缔造者。威廉·C·杜兰特被认为是世界汽车发展史上第一位传奇人物。当他看到汽车行业的发展前景时，果断地利用自己手中掌握的巨额资金，创建了今天名震全球的通用汽车公司。他是一个超级的推销员、一个不知疲倦的经营者、一个白手起家的百万富翁。但却由于过分扩张，杜兰特让通用多次陷入困境，他也两次被迫离开亲手建造的通用公司。

威廉·杜兰特

3. 凯迪拉克

1）概述

凯迪拉克 1902 年诞生于被誉为美国汽车之城的底特律。一百多年来，凯迪拉克汽车在行业内创造了无数个第一，缔造了无数个豪华车的行业标准，可以说凯迪拉克的历史代表了美国豪华车的历史。在韦伯斯特大词典中，凯迪拉克被定义为"同类中最为出色、最具声望的事物"的同义词，被一向以追求极致尊贵著称的伦敦皇家汽车俱乐部冠以"世界标准"的美誉。凯迪拉克融合了百年历史精华和一代代设计师的智慧,成为汽车工业的领导性品牌。

2) 凯迪拉克创始人

亨利·利兰

凯迪拉克创始人亨利·利兰是新英格兰的一名制造商。他非常重视加工精度、制造质量和零件的互换性,并且认为这是迅速增加产量、扩大汽车发展规模的关键。在这种当时非常新颖的思想指导下,1906 年凯迪拉克在底特律的工厂已成为世界上最大、最完善和装备最好的汽车厂,生产出来的汽车质量也最好。1909 年凯迪拉克公司加入通用汽车公司,从此凯迪拉克在设计汽车时,更加重视汽车的豪华性和舒适性。至今,凯迪拉克汽车仍保持这一传统,以生产豪华轿车而闻名世界。

3) 凯迪拉克汽车标志

为了纪念底特律的奠基者法国贵族安东尼·凯迪拉克,亨利·利兰将家族的徽章作为了车标。后来,凯迪拉克车标经过了几次大的变化,比如少了象征着三圣灵的黑色小鸟和镶嵌着珍珠的王冠,现在凯迪拉克的车标只是由桂冠环绕着经典的盾牌形状,而盾牌形状则由各种颜色的小色块组成,其中红色代表勇气,银色代表纯洁的爱,蓝色代表探索。

凯迪拉克车标演变

凯迪拉克车标

4) 凯迪拉克主要车型

凯迪拉克主要车型

车型	图示	车型	图示
ATS-L		SRX	
XTS		凯雷德	
CTS(进口)			

5) 凯迪拉克发展历程中的经典车型

(1) 第一辆凯迪拉克。

第一辆凯迪拉克诞生于 1902 年 10 月 17 日，采用单缸发动机，输出功率为 7350 W，售价为 750 美元。于 1903 年参加纽约车展时销售一空。

(2) 第一辆全封闭车身的凯迪拉克。

1905 年，凯迪拉克推出了第一款全封闭车身的凯迪拉克。

第一辆凯迪拉克

第一辆全封闭车身凯迪拉克

(3) 凯迪拉克 LaSalle。

1927 年凯迪拉克 LaSalle 是通用汽车传奇设计师哈里·厄尔设计的第一款量产车型。该车以其优美的曲线，精致的做工和考究的色彩成为凯迪拉克产品序列中的经典之作。LaSalle 系列车型从 1927 年一直生产到 1940 年。

(4) 凯迪拉克 Fleetwood Sixty。

第二次世界大战结束后，美国成为世界上最富裕的国家，思想开放的美国需要先锋艺术的灵感，凯迪拉克 Fleetwood Sixty 应运而生，该车的外形极具张力和艺术表现力。

凯迪拉克 LaSalle

凯迪拉克 Fleetwood Sixty

(5) 凯迪拉克 Eldorado。

20 世纪 50 年代，美国轿车进入全尺寸时代，在设计上也达到了巅峰时期，为今天留下了很多工艺精湛的精品。1950 年生产的凯迪拉克 Eldorado 便是其中的代表。

凯迪拉克 Eldorado

4. 别克

1) 概述

别克在1899年前就开始研制汽油发动机,并于1900年研制出第二辆汽车,但直至1904年别克汽车公司才正式成立。该公司以技术先进著称,曾首创顶置气门、转向信号灯、染色玻璃、自动变速器等先进技术。

大卫·别克

2) 创始人

别克汽车的创始人大卫·别克出生于1855年,两岁时由母亲带着从苏格兰移民到美国底特律。1900年,别克和另一名工程师沃尔特决定一同离开所在的船机及农机修理行,全心投入第一辆试验车的研制。在先后成立了别克动力公司和别克制造公司以后,1903年,在投机家布里斯柯兄弟的鼓动和资助下,别克汽车公司正式成立。当年虽然没有生产一辆汽车,但他和沃尔特以及另外一位工程师查德设计的顶置气门发动机却出类拔萃,这为日后发展奠定了坚实的基础。

3) 别克汽车标志

别克汽车的标志发展至今日为人所熟悉的"三盾"样式经历了半个多世纪的演变。20世纪30年代中期,在底特律公共图书馆内,通用汽车风格研究员拉浮波在1851年编写的《消失的家徽》中发现了苏格兰别克家族的家徽。

1937年别克汽车首次使用别克家族的家徽作为装饰,这个装饰标志非常接近于《消失的家徽》中所描述的家徽。在1939年别克汽车公司对该标志进行了修改;1942年盾形标志又被改为典型的家徽模式。

1959年,别克标志经历了重大的改革,由三盾替代了原来的一个盾标志,这三个盾分别代表别克的三种车型,它们是 LeSabre、Invicta、Electra。三盾标志仍延用原来的样式和颜色,最大的不同之处在于三盾互叠在一起,其颜色分别为红、白(后改为银灰)和蓝。

1975年,别克"鹰"标志出现了。它获得了很好的反响,80年代之前在别克全系车型都出现了一只鹰停留在别克字样上,鹰的形象变得家喻户晓,甚至在电视广告中出现了一只名叫"Happy"的红尾鹰停在别克车盖装饰物上的画面。但到了80年代,别克领导层认为统一历史标志极为重要,才又重新强调别克三盾标志。

发展至今,三盾标志在一些细节上做了修改,鹿头和十字形图案消失了,但红色、银灰色、蓝色三个盾的式样与原先无多大的区别,围棋格子的带状图案仍使用至今。

别克标志

别克标志演变

4)别克汽车车型

别克汽车车型

车型	图示	车型	图示	车型	图示
GL8		君威		君越	
凯越		林荫大道		英朗	
昂科雷					

5)别克发展历程中的经典车型

(1)别克 Roadmaster。

1936 年的 Roadmaster 堪称汽车外观设计的里程碑,体现了众多别克的崭新元素。1949 款的别克 Roadmaster 更是经典作品的典型代表。别克最具标志性的特征,包括直瀑式格栅和引擎盖舷窗设计,均始于 1949 款别克 Roadmaster。作为一代经典 Roadmaster 系列一直生产到 1958 年。

LaSalle

别克 Roadmaster

(2) 别克 Skylark。

1953年别克推出了1953款 Skylark。该车是一款采用新式设计,配置先进技术的豪华限量版敞篷跑车。

(3) 别克 Riviera。

Riviera 是别克宣示自己豪华品牌地位的一款车型,它在历史上最主要的姐妹车型就是凯迪拉克 Eldorado。后来,Riviera 演变成别克旗下的一个中大型双门轿跑车品牌。

别克 Skylark

别克 Riviera

(4) 别克君威。

别克君威这一车系是在1973年正式推出的,是与别克世纪同平台的产品,初期更被理解为别克世纪的分支之一,是定位稍低、尺寸稍小的一个系列,但更加看重运动性能。

第一代别克君威

5．雪佛兰

1）概述

雪佛兰（Chevrolet）是美国通用汽车公司旗下的一个汽车品牌，1911年11月3日创立，也被称为Chevy，1918年被通用汽车并购，现在为通用汽车旗下最为国际化和大众化的品牌。雪佛兰的车型品种非常广泛，从小型轿车到大型4门轿车，从厢式车到大型皮卡，甚至从越野车到跑车，雪佛兰几乎生产消费者所需要的任何一种车型。

2）创始人

路易斯·雪佛兰于1878年圣诞节出生在瑞士小镇La Chaux-de-Fonds。路易斯在全家的7个兄弟姐妹中排行第二。路易斯的父亲约瑟夫是一个钟表匠，这多少对他的人生理想产生了一些影响。路易斯立志长大后成为一名机械师。

1887年，路易斯·雪佛兰一家搬到法国的Beaune居住。在Beaune生活的日子里，路易斯还培养起了另一个爱好——赛车，路易斯经常在当地的自行车比赛中获胜。1899年初，路易斯·雪佛兰和他的"角斗士"牌自行车来到了巴黎，在巴黎，路易斯学到了很多东西，并全面地掌握了内燃机的知识和技术。从此，路易斯对汽车的热爱更是一发不可收拾。

1900年，路易斯远渡重洋来到美国，于当年开始驾车参赛，并不断取得好成绩。不久，他的两个弟弟也来投奔他，三兄弟从此一起闯天下。三兄弟均热爱汽车，他们的才华被别克汽车厂老板杜兰特看中，并邀路易斯加入别克赛车队。随着别克赛车队的成绩上升，雪佛兰三兄弟的名声也在提高。杜兰特趁机让三兄弟自己设计一种汽车，就这样雪佛兰汽车公司诞生了。

1911年11月3日，杜兰特与雪佛兰合伙成立了雪佛兰汽车公司。1912年初，雪佛兰的第一批6款经典车型顺利地驶出了底特律车厂。

3）雪佛兰汽车标志

1908年，通用汽车创始人威廉·杜兰特在一次环球旅行途中，在一家法国旅馆的墙纸上发现了一个有趣的图案，他认为这个图案可以作为汽车的标志。后来，这个"金领结"图案果然演变成为了畅销全球的雪佛兰汽车的标志。象征雪佛兰轿车的大方、气派和风度。从1913年开始，雪佛兰就将领结的标志悬挂在了它的各种品牌车身上。2011年，领结标志进行了第十次调整——它金属边夸张外延，LOGO金属面隐约似乎能看到对折的痕迹，这样的搭配，更容易和车身融为一体。

路易斯·雪佛兰

雪佛兰标志演变

4）雪佛兰汽车主要车型

雪佛兰汽车主要车型

车型	图示	车型	图示
赛欧		TRAX 创酷	
爱唯欧		科帕奇	
科鲁兹		科迈罗 Camaro	
景程		迈锐宝	

5）雪佛兰发展历程中的经典车型

（1）雪佛兰 Classic Six。

1912 年，雪佛兰推出旗下第一款 Classic Six。这款令人印象深刻的汽车当时标价 2150 美元，比同时期大部分汽车都昂贵。这款车是路易斯·雪佛兰梦寐以求的轿车，于 1914 年停产。

（2）雪佛兰 490。

1914 年雪佛兰生产了雪佛兰 490，该车是雪佛兰第一次获取市场信任的车型，销量较好，比同一时期的福特 T 型车更大、更强劲。

雪佛兰 Classic Six

雪佛兰 490

（3）雪佛兰 Corvette。

1955 款雪佛兰 Corvette 的问世对于经历了建立运动汽车长久历史的美国人来说具有里程碑意义，此款汽车成为双排玻璃丝汽车的精髓。

在投入市场的前两年，1955 款雪佛兰 Corvette 只产生了 3800 辆销售业绩，通用汽车几乎对这款汽车的未来不抱什么信心。设计初期，1955 款雪佛兰 Corvette 的动力是"蓝色火焰"内六联发动机，后来，这款汽车的工程师改变思路选用了 V8 发动机，为 Corvette 跑车提供强劲的动力。经历了赛场与对手长期角逐和对车速全身心的倾注，1955 款雪佛兰 Corvette 作为 1955 年年度车型在大街上代表美国产品性能的真实表现，在跑道上演绎了美国精神。

（4）1957 雪佛兰 Belair。

雪佛兰 Belair 被普遍认为是美国最美丽的汽车，此款车 1957 款拥有超豪华的 V8 发动机和卓越的简约外形设计。在那个所有的汽车生产商在同一个汽车底盘生产汽车的年代，雪佛兰 Belair 别致造型成为最抢眼的设计。雪佛兰 Belair 1957 款是使用注入式将燃料注入 283 in^3 发动机产生 283 马力的完美车型。

雪佛兰 Corvette

雪佛兰 Belair

（5）1960 雪佛兰 Corvair。

作为紧凑型汽车的一个创造性尝试，后置发动机的雪佛兰 Corvair 在 1959 年问世。在 20 世纪 60 年代早期，这款带有几分欧洲天赋的经济型汽车，对于热爱轿式马车、小轿车、铁路货车、装有可拆车篷甚至多种功能的马车的人们来说，激起了他们的兴趣，在当时该款车的销量非常好。

（6）1969 雪佛兰 Camaro。

雪佛兰 Camaro 是雪佛兰推出的汽车系列。设计于 1960 年，共经历了五代。1966 年 9 月 26 日发布的 1967 年款的 Camaro 是以雪佛兰 Nova 为原型而设计的。第二代 1970 Camaro 在 12 年内一直投入量产。第三代 Camaro 是 1982 年生产的，没有前副车架和钢板弹簧后悬挂系统，不是特别引人关注。而 2007 年 1 月 6 日开幕的 2007 年北美车展上则发布了第五代 Camaro 的敞篷版概念车。

雪佛兰 Corvair

雪佛兰 Camaro

雪佛兰 Caprice

(7) 1977 雪佛兰 Caprice。

雪佛兰 Caprice 从 1977 年到 1990 年一直出现于美国各个城市的街头，从始至终受到人们关注。在 20 世纪 70 年代早期出现了燃油危机，在危机的阴影下，雪佛兰 Caprice 作为 1977 年年度车型成为通用汽车众多备受非议的大型车之一。雪佛兰 Caprice 统一配置了 V8 发动机和全钢车体。

同时，出租车公司也比较喜爱使用雪佛兰 Caprice，因为此款车具有舒适的后部空间和超大行李舱而受到了乘客的青睐。1991 年雪佛兰 Caprice 进行了重新的设计，到 1997 年一直在美国汽车品牌扮演着重要的角色。最近，依据雪佛兰公司对其产品的规划，雪佛兰 Caprice 将重新出现于美国汽车市场。

6. 庞蒂亚克

1) 概述

庞蒂亚克(Pontiac)是美国通用汽车公司旗下的品牌之一，其前身是 1907 年的奥克兰汽车公司(Oakland)，1931 年改为庞蒂亚克。2009 年 4 月 29 日，通用正式宣布砍掉庞蒂亚克这个品牌，拥有 102 年历史的庞蒂亚克从此消失。此品牌于 2010 年 10 月 31 日倒闭。

庞蒂亚克汽车标志

2) 庞蒂亚克汽车标志

庞蒂亚克汽车商标由两部分组成。其字母"PONTIAC"商标取自美国密执安州的一个地名；图形商标是带十字形的箭头，它被镶嵌在发动机散热器格栅的上方。而十字形标记，则表示庞蒂亚克是通用汽车公司的重要成员，也象征庞蒂亚克汽车安全可靠；箭头则代表庞蒂克的技术超前和攻关精神，预示着旁蒂亚克汽车跑遍全球。另外，在庞蒂亚克火鸟轿车的车尾，还使用一只抽象化了的鸟，象征庞蒂克部人具有火一样的热情和高瞻远瞩的志向。

3.2.2 福特汽车公司

1. 概述

福特(Ford)是世界著名的汽车品牌，为美国福特汽车公司(Ford Motor Company)旗下的品牌之一，公司及品牌名"福特"来源于创始人亨利·福特的姓氏。福特汽车公司是世界上最大的汽车生产商之一，成立于 1903 年，旗下拥有福特和林肯(Lincoln)汽车品牌，总部位于密歇根州迪尔伯恩市(Dearborn)。除了制造汽车，公司还设有金融服务部门即福特信贷(Ford Credit)，主要经营购车金融、车辆租赁和汽车保险方面的业务。

2. 创始人

亨利·福特(Henry Ford，1863—1947)美国福特公司创始人，人称"汽车大王"。1863 年 7 月 30 日出生于美国密歇根州韦恩郡的史普森威尔镇，其父是一位农场主。福特从小就对机械充满了浓厚的兴趣，12 岁时他花了很多时间建立了一个自己的机械坊，15 岁时他就亲手打造了一台内燃机,17 岁去密西根汽车制造公司工作,别人需要花好几个小时才能修复的机器,他只要 30 min 就修好了,后来又到爱迪生电气公司边工作边学习电气知识。1893 年,他制成汽油发动机,1896 年他制造了他的第一辆汽车,并将它命名为"四轮车"。

亨利·福特　　　　　　　　福特与四轮车

1903 年 6 月 6 日,他创建了福特汽车公司,开始只有 10 名员工,投产 A 型车,同年生产出第一辆福特牌汽车;1906 年,生产 N 型车,售价定为 500 美元,比其他公司上市的车价便宜 30%,很受欢迎。

1908 年,举世闻名的 T 型车问世,该车为农民而设计,大车轮、多用途、高强度、低价格。福特公司为 T 型车做的广告词是"1908 年美国重大事件之一,T 型车进农家"。他建立了 8000 个经销点,样车每到一处,订单纷至沓来,T 型车供不应求,迫使福特公司改进生产技术。

1913 年,福特创立了全世界第一条汽车流水生产线,这种做法后来被称为"福特制",并在全世界广泛推广。过去装配一辆汽车要 12 小时 28 分钟,到 1920 年,实现了每分钟生产 1 辆汽车,大大降低了成本,每辆车售价降至 360 美元,使大多数人都能购买得起;工厂支付给工人 5 美元每工作日(相当于原工资的 2 倍),极大调动了工人生产积极性。T 型汽车至 1928 年停产,共生产 15456868 辆,创当时单产世界纪录,1908—1920 年,全世界汽车数量的 50% 是 T 型车,为"装在汽车轮上的美国"立下了不朽功勋。但是,由于福特固步自封,坚持单一车型,无视富裕了的美国人民的要求,没有进一步推出新的车型,而通用汽车公司及时推出许多时髦多样和先进豪华的汽车,使得福特汽车滞销,汽车市场占有率从最高时期的 70% 下降到不足 20%。1945 年福特让位于福特二世。1947 年 4 月 7 日,亨利·福特因脑溢血在底特律逝世,终年 83 岁。他的葬礼那一天,美国所有的汽车生产线停工一分钟,以纪念这位"汽车界的哥白尼"。1999 年,《财富》杂志将他评为"20 世纪商业巨人",以表彰他和福特汽车公司对人类工业发展所作出的杰出贡献。

3. 福特汽车标志

由于创建人亨利·福特喜欢小动物,所以标志设计者把福特的英文画成一只小白兔样子的图案。福特汽车公司的商标是蓝底白字的英文 Ford 字样,被艺术化了的 Ford 形似活泼可爱、充满活力、美观大方的小白兔,犹如在温馨的大自然中,有一只可爱、温顺的小白兔正在向前飞奔,象征福特汽车奔驰在世界各地。

汽车文化

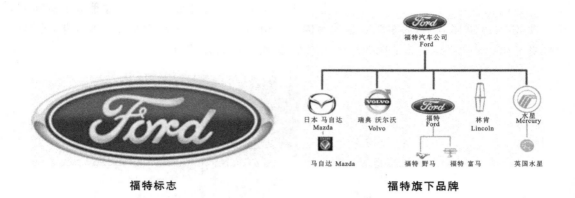

福特标志　　　　　　　　　　福特旗下品牌

4. 福特汽车主要车型

福特汽车主要车型

车型	图示	车型	图示	车型	图示
嘉年华		锐界		麦柯斯	
福克斯		福睿斯		探险者	
蒙迪欧		致胜		征服者	
翼虎		翼博		F	

5. 福特汽车发展史上经典车型

1）福特 T 型车

福特 T 型车（Ford Model T，俗称 Tin Lizzie 或 Flivver）是美国亨利·福特创办的福特汽车公司于 1908 年至 1927 年推出的一款汽车产品。1908 年 9 月 27 日第一辆成品 T 型车诞生于密歇根州底特律市的皮科特厂。

2）雷鸟（Thunderbird）

福特雷鸟自从1954年2月20日在底特律汽车展上登台亮相后，迅速成为追求新颖款式和大胆设计的车迷的宠儿。雷鸟是福特的一款经典双门跑车，曾立于车坛不败之地长达30年之久，它早已成为美国人信赖的车型之一，它经典的造型和一如既往的复古元素使它至今仍是车坛中最经典的车型之一。不同于福特旗下野性十足的野马跑车，雷鸟诞生半个世纪以来始终保持着家族特征——优雅、豪华。

福特T型车

福特雷鸟（Thunderbird）

3）福特野马（Mustang）

1962年，福特研发了野马的第一辆概念车——MustangⅠ概念车。它是一部发动机中置的两座跑车。而野马的名称正是为了纪念第二次世界大战中富有传奇色彩的美军P-51型Mustang战斗机。

由于MustangⅠ野马概念车的两座设计实用性太低，被福特高层驳回后，1963年10月，福特推出了MustangⅡ概念车，将布局改为了发动机前置，并采用四座布局。

1964年4月17日，经过福特团队反复论证、修改后的第一代量产版Mustang于纽约世博会上正式发布，野马自此正式向全世界展示了它的风范，在刚推出时的价格为2368美元。福特的时间表把握得非常之巧，此时正值战后生育高峰期的一代人刚刚进入购车的年龄，这一代人对车的要求与其父母大相径庭，他们想张扬自己的个性，野马应运而生。

4）福特卡车——F系列

福特F系列（Ford F-Series）是福特汽车自1948年在美国开始生产的皮卡车，是史上最受欢迎的车型之一，至今推出达12代之多。其中销量最大的是F-150。到2013年福特F系列卡车连续32年都是美国最佳销量的汽车，并维持43年的北美卡车销量第一，这还不包括有些通用汽车策略代销的数量，2013年福特F系列卡车在美国卖出763402辆，专家发现F系列是福特几乎一半的利润来源。第10代后的F系列如F-250HD、F-350等都在1998年改为柴油引擎并修改车体，改成一个名为Ford Super Duty的子车系，该车系标榜车重超过3.9 t。

福特野马（Mustang）

福特卡车

5）水星

水星品牌的独特之处在于它是福特汽车公司唯一自创的品牌。水星公司作为独立的公司于1930年在福特名下开始生产轿车。1935年亨利·福特之子艾德塞尔·福特提议建立一条生产中档车的生产线。20世纪30年代中期，福特汽车的管理层意识到在经济型的福特车和豪华的林肯车之间仍存在市场机会，于是在1935年开发出了水星品牌，进军中档车市场，1938年10月正式推出水星产品。

水星标志

当时的水星配备了强劲的95马力的V8发动机，大受欢迎，一年之内就占领了美国2.19%的轿车市场份额。1941—1945年，由于第二次世界大战的影响，水星的生产被迫中断。1945年，福特汽车成立了林肯-水星分部，由本森·福特（亨利·福特二世的胞弟）掌管。1998年，林肯-水星的总部迁往加州的阿尔文（Irvine）。水星一直是创新和富于个性的美国车的代表。

6）林肯

（1）概述。

林肯是美国著名汽车企业福特旗下的豪华车品牌，创立于1917年，创始人为亨利·利兰。其品牌名称是以美国总统亚伯拉罕·林肯的名字命名。自1939年美国总统富兰克林·罗斯福以来，林肯由于杰出的性能、高雅的造型和无与伦比的舒适性一直被白宫选为总统专车。它最"出名"的一款车是肯尼迪总统乘用的检阅车。

林肯标志

（2）林肯汽车标志。

林肯汽车的商标是在一个矩形中含有一颗闪闪发光的星辰，表示林肯总统是美国联邦统一和废除奴隶制的启明星，也喻示福特-林肯轿车的光辉灿烂。

（3）林肯汽车公司车型。

林肯汽车公司车型

车型	图示	车型	图示
林肯 MKZ		林肯 MKX	
林肯 MKS		林肯 MKT	

续表

车型	图示	车型	图示
林肯 MKC		领航员	

（4）林肯汽车发展中的经典车型。

① 林肯 Premiere。

林肯 Premiere 可以称得上是 20 世纪 50 年代的经典。其造型夸张至极，借鉴了凯迪拉克的航空式设计。林肯 Premiere 可以说是当时好莱坞众星的首选车型之一，在比华利山的小道上，涂装成各种亮丽色彩的 Premiere 绝非罕见。但林肯 Premiere 只生产了一代，车型也只有敞篷与硬顶两款。而它这恍如昙花一现的生命，更加让能留存到今日的为数不多的 Premiere 变得价值连城。

② 林肯大陆。

林肯大陆于 20 世纪 30 年代开始生产，当时属 Zephyr 车型的限量版，是敞篷轿车，因为其欧式造型而备受关注。第六代林肯大陆是最为经典的一代，这个车型的保有量极高，它出现在很多电影作品当中。到 1998 年推出最后一款车型之后，由于与林肯的另外一款车林肯城市有太大的定位重叠，林肯大陆正式停产，在快到 70 周年的时候终结了它光芒四射的一生。

林肯 Premiere　　　　　　　　　　　　　林肯大陆

③ 林肯城市。

林肯城市于 20 世纪 80 年代初问世，一开始是林肯大陆里面的一个分支，后来独立出来作为一款车型。而从诞生之日起，城市就瞄准了全尺寸豪华轿车的市场。对于美国人来说，全尺寸豪华轿车，就意味着大得夸张的尺寸、长得出奇的引擎室和行李舱、当然还有强得离谱的动力了。而林肯城市正是美国这种超级大型豪华轿车的典型。

④ 林肯领航员。

1996 年，林肯领航员其实就是福特探索者的高配版本，同样是基于福特的 T1 平台打造。作为美式全尺寸 SUV，因此个头极为高大霸气，单单是站在它面前，就颇有不怒而威的意味。领航员于 1996 年推出至今历经数次改款，但整体结构与风格几乎保持不变。

汽车文化

林肯城市

林肯领航员

3.2.3 克莱斯勒汽车公司

1. 概述

1925年,沃尔特·克莱斯勒脱离通用汽车公司,自行创设克莱斯勒汽车公司。同年,该公司买下马克斯韦尔汽车公司。1928年又买下道奇兄弟汽车公司。1936~1949年,克莱斯勒汽车公司曾一度超过福特汽车公司,成为美国第二大汽车公司,但20世纪50~60年代初,生产处于滑坡期,60年代中期,公司经过改组稳住阵脚。1974年以后,克莱斯勒公司的业务又走下坡路,1978年出现严重的亏损,1980年濒临破产。最后,由于政府给予15亿美元的联邦贷款保证,才使克莱斯勒汽车公司免于倒闭。1982年开始扭亏为盈。1994年,公司共有雇员11.59万人,纯利润37亿美元,占美国汽车市场14.7%的份额。

克莱斯勒总部

克莱斯勒旗下品牌

2. 创始人

沃尔特·克莱斯勒

沃尔特·克莱斯勒(1875—1940),是克莱斯勒汽车公司的创始人。1875年4月2日出生于美国艾奥瓦州一个铁路技师的家庭,他的父亲是一名火车机车机械师,他从父亲那里感染了对机械的兴趣。克莱斯勒17岁就立志当一名机械师。18岁制造了一辆微型蒸汽车,该机车具有依靠自己的动力操作的完整的气动式制动器。20岁时被一家工厂聘为机械师,拿到一份令人羡慕的薪金。但是,克莱斯勒对任何事情都十分好奇,不愿意始终待在一个岗位上,总想寻找其他发展的机会。直到33岁那年,他才相对稳定地受聘担任了芝加哥西部铁路的动力负责人,为10000名雇员的负责人,他曾经是获得该职位的最年轻的领导人。

1910年，克莱斯勒辞掉了美国火车头公司的职务，受聘担任了通用汽车公司别克分部中一家工厂的技术经理。由于他精通机械、技术超群，在通用公司的作用越来越重要。通用公司一心一意想留下他为公司效力，但克莱斯勒却产生了离开通用公司独自去干一番事业的想法。正在此时，杜兰特重返通用公司，对克莱斯勒竭力挽留，不仅委任他担任了别克部的主要负责人和公司第一副总经理，而且还将其年薪一下子提高到50万美元。然而，由于克莱斯勒与杜兰特难以合作，他还是于1920年3月25日离开了通用公司。

1924年，由克莱斯勒主持开发的第一个车型终于问世了，这种采用高压缩比发动机的汽车在市场销售中很受欢迎，问世当年就销出了3.2万辆，公司商誉得以提高。利用这一难得的良机，克莱斯勒接收、改组了麦克斯韦尔公司，并于1925年6月6日正式宣布成立克莱斯勒汽车公司，自己就任总经理。

克莱斯勒汽车公司成立以后，发展极其迅速，相继推出的克莱斯勒4号和亨利5号两种新车，为公司发展作出了贡献。公司1925年在美国国内排名为第27位，1926年末升至第5位，1927年又上升至第4位。1928年克莱斯勒公司通过股票交易的方式买下了道奇公司和普利茅斯汽车公司。道奇公司当时在美国排名第3，有良好的商誉和可靠的销售网，买下它之后，克莱斯勒公司在1929年即跃升为美国三大汽车公司之一，后来还曾有过超过福特公司位居第2位的辉煌。

1935年7月22日，克莱斯勒在过完60周岁生日后，辞去了公司总经理职务改任董事长，直至1940年7月22日去世，享年65岁。

3. 克莱斯勒汽车标志

2007年5月14日，克莱斯勒将尘封多年的五角星标志修改后重启。克莱斯勒的五角星标志曾经作为品牌标志悬挂在道奇产品上，克莱斯勒还曾将其作为自己的企业标志。五角星意味着克莱斯勒的产品遍及五大洲。当戴姆勒-奔驰集团与克莱斯勒集团合并后，五角星就不再作为克莱斯勒集团的企业标志出现，克莱斯勒品牌产品也全部使用带有飞翼的克莱斯勒品牌标志。

1924年，克莱斯勒Six闪亮登场，这是一款马力强劲、价格便宜的大众型轿车，它装在水箱盖上醒目的银色飞翔标志和刻在水箱罩上的金色克莱斯勒印章，标志着汽车工程与汽车设计从此进入了一个崭新的时代。在1931—1934年生产的车型上，你还能看到飞翔标志的后面雕刻着一只栩栩如生的待飞的瞪羚，十分精制可爱。克莱斯勒公司从20世纪30年代直到50年代后期，都一直沿用这种安装在发动机罩上的飞翔装饰。1951年为庆祝新型180马力、331.1CID半球型V8发动机的诞生，这个标志被改为圆形，曾经风靡一时。但随着公众喜好的变化，1957年以后，该公司不再使用此标志。1995年银色的飞翔标志和金色的徽章又重新被采用，两年之后，这两种图案被融合在一起。今天，这精致的徽章不仅装饰着公司生产的每一辆车，更成为汽车工程与汽车设计辉煌历史的标记。

克莱斯勒五角星标志　　　　克莱斯勒飞翔标志　　　　克莱斯勒全新标志

2010年，克莱斯勒发布新版 logo，自 20 世纪 90 年代中期开始，克莱斯勒开始使用飞翼型标志，此次的变动保留飞翼，中间是克莱斯勒的英文衬以蓝底，更具有流线型美感。

4. 克莱斯勒汽车公司车型

克莱斯勒汽车公司车型

车型	图示	车型	图示
300C		大捷龙	

5. 克莱斯勒汽车公司发展历程中的经典车型

1) Chrysler B70

B70 的成功生产，使"马克斯韦尔"于 1925 年成功成为克莱斯勒公司的一员，并且使克莱斯勒从简单的汽车生产，变成一个生产汽车的工程公司。

2) Plymouth PA

1928 年，克莱斯勒为了与福特和雪佛兰品牌竞争，推出了低价 Plymouth 车型。得益于聪明有效的营销手段，该车获得美国多数 30 岁左右人群的青睐。

克莱斯勒 B70

克莱斯勒 Plymouth PA

3) DeSoto 气流

"气流"通过将发动机和驾驶舱迁移，封闭车身并提高驾驶操控性能和重量分配设计，影响了全球的汽车设计理念。第一款丰田车就是以 DeSoto"气流"车型为蓝本设计。

4) 克莱斯勒 300C

1957 年克莱斯勒 300C 以引领时尚的前脸设计，以及能输出 287 kW 的 HEMI V8 发动机，赢得了"魅力狂兽"的外号。这种特别的前脸设计，也深深影响了全球汽车设计师。2005 年款克莱斯勒作为获奖最多的美国车型，其灵感也是来自于 20 世纪 50 年代的经典克莱斯勒。

克莱斯勒 DeSoto 气流

克莱斯勒 300C

3.3 亚洲著名汽车公司

3.3.1 中国著名汽车公司

1. 中国第一汽车集团公司

1) 概述

中国第一汽车集团公司(以下简称"一汽")英文品牌标志为 FAW,是国有特大型汽车生产企业,总部位于长春市,前身是第一汽车制造厂,毛泽东题写厂名。一汽 1953 年奠基兴建,1956 年建成并投产,制造出新中国第一辆解放牌卡车。1958 年制造出新中国第一辆东风牌小轿车和第一辆红旗牌高级轿车。一汽的建成,开创了中国汽车工业新的历史。经过六十多年的发展,一汽已经成为国内最大的汽车企业集团之一。2013 年营业额高达 4500 亿元,曾经连续 8 年蝉联世界 500 强榜单。

2) 创始人

饶斌(1913—1987)曾任中国第一汽车集团公司董事长、第二汽车制造厂(以下简称"二汽")厂长、中国汽车工业总公司董事长、原国家机械工业部部长,是中国汽车工业的奠基人,被誉为"中国汽车业之父"。

1952 年 12 月出任第一汽车制造厂厂长,带领一汽职工,生产出我国第一辆解放牌载货车和红旗牌轿车。1965 年任二汽厂长,带领二汽职工,生产出东风牌载货车和越野车。20 世纪 80 年代初,饶斌先后担任原机械工业部部长和中国汽车工业公司董事长。指挥全国汽车行业建立起一个"重、中、轻、微"的卡车系列布局。组织上海和德国大众公司合作,小批量生产桑塔纳轿车。

饶斌

3) 一汽汽车标志

中国一汽汽车标志视觉识别系统的核心要素,"1"字为视觉中心,由"汽"字构成展翅的鹰形,构成雄鹰在蔚蓝天空的视觉景象,寓意中国一汽鹰击长空,展翅翱翔。

一汽厂址

一汽汽车标志

4) 一汽汽车发展历程

(1) 创建时期。

从1953年7月15日破土动工起,到1956年7月15日第一辆国产解放牌汽车诞生,这段时期为一汽的建厂时期。

在建厂之前,做了三年准备工作。1950年初,毛泽东和周恩来在莫斯科同苏联签订的协议中,就把建设汽车厂作为第一个五年计划期间苏联援建的首批重点项目;同年4月,重工业部成立了汽车工业筹备组,开始了紧张的筹建工作;1953年6月,党中央专门为力争三年建设长春汽车厂发了指示;毛泽东亲自为一汽奠基题词,并把一汽生产的汽车命名为"解放"。一汽的建设,只用了三年的时间,其速度之快,工程质量之好,被人们称之为奇迹。一汽的建成,开创了中国汽车工业的历史。

一汽厂址

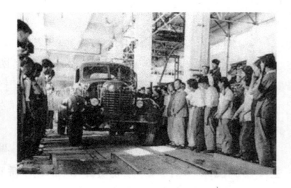
解放牌卡车下线

(2) 发展时期。

从1956年开工生产到1978年末,是一汽的成长和发展时期。在这个时期,一汽有过东风、红旗品牌,开创了制造国产轿车的创举,同时也遇到两次大的干扰和挫折:第一次是1958年至1960年的三年大跃进期间,犯过急于求成、忽视科学态度的错误,造成设备失修、质量下降,企业管理严重削弱;经过1960年冬季开始的三年整顿,企业的生产秩序和管理逐步恢复正常。第二次干扰是1966年下半年开始的"十年动乱",广大职工对左的错误有抵制、有斗争。

直到1972年，一汽集团贯彻周恩来批示，狠抓产品质量，才取得了明显成效。

在这个时期里，一汽不仅出汽车，还出人才，为全国汽车工业和机械工业的发展培养输送了一大批干部和技术骨干，完成了协助建设二汽的任务，同时还承担了一些援外项目。

东风轿车　　　　　　　　　　　　　红旗轿车

（3）换型调整时期。

从1979年到1988年末，是一汽"解放"汽车的换型改造时期。在这个时期中，一汽自1980年末到1983年7月，用了近三年的时间，完成了"解放"第二代产品CA141汽车的设计、试制、实验和定型。从1983年7月开始生产准备，又用了三年时间，到1987年1月1顺利转产，转产当年就实现了质量、产量双达标，通过了国家的工程验收。

在换型改造的同时，1984年与1987年，在企业改革与发展上，先后两次得到中央的支持，延长利润递增包干期限，扩大了产品自销权、外贸外经权和规划自主权，抓住了上轻型车、上中重型卡车以及上轿车的机遇，并同步进行了大量的扩建、新建的前期工作。

一汽厂址　　　　　　　　　　　　　解放牌卡车

（4）结构调整。

从1988年到2001年末是一汽结构调整时期，是以发展轿车、轻型车为主要标志的第三次创业时期。

在这个时期，通过建设一汽轿车、一汽大众轿车两个现代化轿车生产基地，以及兼并、重组、改造轻型车生产企业，产品结构调整取得重大突破，中、重、轻、轿并举的局面已经形成，轿车和轻型车产销量的比重已经接近50%，重型车已经超过了中型车的产销量。这个时期是一汽大发展的一个时期，2001年与1988年相比产量增长了5.1倍，销售收入增长了22.8倍，在全国500家最大企业的排名中,一汽始终处于前10位。

一汽大众轿车厂址

一汽轿车厂址

(5) 三化时期。

2001年12月,一汽召开的第十一次党代会,宣布一汽第三次创业的历史使命已经完成,提出"十五"计划时期实现汽车产销量、销售收入、利润、员工收入"四个翻一番"的目标;2008年12月30日,世界权威的品牌价值研究机构——世界品牌价值实验室举办的"2008世界品牌价值实验室年度大奖"评选活动中,一汽凭借良好的品牌印象和品牌活力,荣登"中国最具竞争力品牌榜单"大奖,赢得广大消费者的赞誉。

2. 奇瑞汽车公司

1) 概述

奇瑞汽车股份有限公司成立于1997年1月8日,注册资本41亿元。公司以打造国际品牌为战略目标,经过18年的创新发展,现已成为国内最大的集汽车整车、动力总成和关键零部件研发、试制、生产和销售为一体的自主品牌汽车制造企业,以及中国最大的乘用车出口企业。

目前,公司建立了A00、A0、A、B、SUV五大乘用车产品平台,上市产品覆盖11大系列共21款车型。奇瑞以"安全、节能、环保"为产品发展目标,先后通过ISO9001、德国莱茵公司ISO/TS16949等国际质量体系认证。

2) 创始人

尹同跃,1962年11月生,安徽巢湖人,中国共产党党员,奇瑞汽车有限公司党委书记、董事长兼总经理。

尹同跃

尹同跃1983年毕业于合肥工业大学汽车工程专业,此后在一汽工作了12年半,曾任一汽大众的车间主任。于1996年11月出任奇瑞汽车有限公司执行副总经理,2004年2月,出任公司党委书记、董事长兼总经理。

尹同跃深知,在有百年历史的汽车工业中,中国民族汽车绝不可能一蹴而就,为此他苦苦寻找快速发展的突破点。2002年,奇瑞启动宏伟的动力战略规划:总投资30亿元,建立年产50万台世界顶尖发动机的生产基地。2004年下半年,来自三大洲8个国家的200名高级工程师,在奇瑞组成一流的作业团队。代表当今业界最高水准的9条生产线和200台数控加工中心,组成奇瑞的世界极品发动机制造工厂,并诞生了中国第一个汽车发动机自主品牌ACTECO。

3）奇瑞汽车标志

奇瑞汽车的标志的整体是英文字母 CAC 的一种艺术化变形，CAC 即英文 Chery Automobile Corporation 的缩写，中文意思是奇瑞汽车股份有限公司，标志中间 A 为一变体的"人"字，预示着公司以人为本的经营理念；徽标两边的 C 字向上环绕，如同人的两个臂膀，象征着一种团结和力量，环绕成椭圆状；中间的 A 在椭圆上方的断开处向上延伸，寓意奇瑞公司发展无穷，潜力无限，追求无限。整个标志又是 W 和 H 两个字母的交叉变形设计，为"芜湖"一词的汉语拼音的声母，表示公司的生产制造地在芜湖市。2013 年 4 月 16 日，奇瑞发布了全新 LOGO 以及全新品牌战略，这标志着奇瑞明确了着力打造一个品牌的发展战略。

奇瑞标志

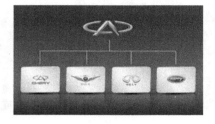

奇瑞旗下品牌

3. 吉利汽车公司

1）概述

浙江吉利控股集团有限公司是中国国内汽车行业十强中唯一一家民营轿车生产经营企业，成立于 1986 年，经过 30 年的建设与发展，在汽车、摩托车、汽车发动机、变速器、汽车电子电气及汽车零部件方面取得辉煌业绩。特别是 1997 年进入轿车领域以来，凭借灵活的经营机制和持续的自主创新，取得了快速的发展，资产总值达到 105 亿元，连续四年进入全国企业 500 强，被评为"中国汽车工业 50 年发展速度最快、成长最好"的企业，跻身于国内汽车行业十强。2010 年 3 月 28 日，成功收购沃尔沃汽车 100％股权。2012 年，吉利以营业收入 233.557 亿美元（含沃尔沃 2011 年营收）首次进入《财富》世界 500 强。在汽车行业中排名第 31 位，且总排名从 2011 年的第 688 位跃升至第 475 位。截至 2013 年，吉利共有慈溪、临海、宁波北仑、上海、湘潭、济南、成都等 9 个生产基地，合计一年 60 万辆汽车的产能。2013 年 4 月 18 日吉利集团与宝鸡签署战略合作协议，计划在宝鸡新建基地，投资 72 亿元，年产整车 20 万辆。

吉利厂址

2) 吉利集团主席

李书福,现任吉利集团董事长,出身于一个农民家庭里。他19岁就试水商海,拿着父亲给的120元钱,做起了照相生意。半年后,赚到了1000元钱,李书福开起了照相馆。

李书福

1984年到1986年,李书福任黄岩县石曲冰箱配件厂厂长,1986年,李书福在自己研发、生产出电冰箱关键零部件蒸发器后,组建了黄岩县北极花电冰箱厂,生产北极花电冰箱。北极花冰箱当时已成为国内冰箱行业的名牌产品。1989年,李书福这个26岁的北极花冰箱厂厂长,已经是一个千万富翁。后来,李书福怀揣上千万元离开北极花来到深圳,身份是学生。这是李书福第一次外出学习,到目前为止,他分别在深圳、上海、哈尔滨三地的大学进修学习过,能说一口较流利的英语。1989—1991年,李书福任浙江合州吉利装潢材料厂厂长,生产了中国第一张美铝曲板,并建立了全国第一家铝塑板的生产厂。装修材料给李书福家族带来了巨大的成功,直到现在,这份产业每年还有上亿元的利润。

1993年,李书福与嘉陵摩托合作生产"嘉吉"牌摩托车,不到一年时间,他的摩托车销量不仅占据了国内踏板车龙头地位,还出口美国、意大利等32个国家。

1994年,摩托车生意最为红火的时候,李书福又做出了一个惊人的决定:造汽车。

1997年,李书福正式进入汽车业。刚开始,尽管得不到主管部门的许可,李书福还是在临海市征地850亩,打着造摩托车的幌子,筹建了吉利豪情汽车工业园区;1997年,四川一家生产小客车的企业濒临倒闭,精明的李书福看到了机会,最终吉利投资1400万元,成立了四川吉利波音汽车制造公司,并拿到了小客车、面包车的生产权;1998年8月8日,没有"准生证"的第一辆两厢吉利豪情车下线。2001年12月,国家经贸委发布了第七批车辆生产企业及产品公告,吉利终于获得了轿车生产资格。

2010年3月28日21点,吉利汽车与美国福特汽车正式签署协议,吉利汽车以18亿美元的价格收购瑞典汽车企业沃尔沃100%的股权。

吉利控股集团是中国目前最大的私营汽车企业集团,2017年营业额约2700亿人民币,全球纳税约346亿元,其中在中国境内纳税183亿元。

3) 吉利汽车及旗下品牌标志

吉利汽车标志整体为圆形,象征地球,表示面向世界、走向国际化,同时也喻示吉利的事业稳如磐石,在风雨中屹立不倒;内圈蔚蓝象征广阔的天空,超越无止境,发展无止境;外圈蔚蓝象征无垠的宇宙,超越无限;中间多层曲线则如层巨浪,象征吉利事业蒸蒸日上,蓬勃发展。

全球鹰的品牌标志整体外廓为椭圆形,并象征着全球化的背景,是吉利在全球市场的动态平稳的发展前景。标志中间部分为吉利首字母"G"的变体,同时又是阿拉伯数字"6"的形状。全球鹰造型则昭示着在新的阶段,吉利正以全新的激情和姿态,蓄势待发,并在不断的自我雕琢中崭露头角。

吉利标志　　　　　　　　全球鹰标志

帝豪标志整体外廓为盾形，彰显稳重、奋进气质，暗示帝豪品牌在高端汽车品牌市场动态平稳的发展前景。帝豪品牌选用盾形徽标寓意对用户的安全保护与品质承诺，更彰显着乘坐者的尊贵、沉稳、豪迈和荣耀。盾状轮廓呈"V"字绽放之势，"V"字造型昭示着帝豪品牌以豪华、稳健、力量的姿态入主高端汽车品牌领域。标志中间部分由六个块状构成，六个方块寓意吉利的"团队精神、学习精神、创新精神、拼搏精神、实事求是精神、精益求精精神"，也代表"造最安全、最环保、最节能的好车，让吉利汽车走遍全世界"的企业使命。方块图形设计呈红、黑二色组合构成的宝石质感。红宝石象征睿智，具有在激情中创造一切的智慧；黑宝石象征坚毅，具有在沉默里超越一切的能量。红黑宝石与金色轮廓的和谐组合诠释了财富与权贵，坚毅与智慧，品质与激情，同时带给人广阔的联想空间。

英伦汽车标志采用中国传统的太极图形状，当中所运用的特征元素分别取材于中英两国文化。英国标志性雕像"不列颠尼亚女神"是英国的化身，反映出英伦品牌的英国历史背景和文化根基；星形图案使人联想到中国国旗上的五星；六段线条源自于吉利集团的六六大顺标志，象征着幸运和财富，也寓意吉利的"团队精神、学习精神、创新精神、拼搏精神、实事求是、精益求精"。热情的红，浩瀚的蓝，雍容的暗金，智慧的黑，配合以风格经典、流畅自如的"Englon"字体，带给人无限的联想空间，英伦品牌美好亲切的气度、英伦经典的魅力跃然而出，体现了英伦品牌不断开拓创新、放眼全球的战略目标。

帝豪标志　　　　　　　　吉利英伦标志

4. 比亚迪股份有限公司

1）概述

比亚迪股份有限公司创立于1995年，2002年7月31日在香港主板发行上市，公司总部位于广东省深圳市，是一家拥有IT、汽车和新能源三大产业群的高新技术民营企业。

比亚迪在广东、北京、陕西、上海等地共建有九大生产基地，总面积将近700万平方米，并在美国、欧洲、日本、韩国、印度等国和中国台湾、香港地区设有分公司或办事处，现有员工总数超过15万人。

公司IT产业主要包括二次充电电池、充电器、电声产品、连接器、液晶显示屏模组、塑胶机构件、金属零部件、五金电子产品、手机按键、键盘、柔性电路板、微电子产品、LED产品、光电子产品等以及手机装饰、手机设计、手机组装业务等。主要客户包括诺基亚、三星等国际通信业顶端客户群体。

2007年3月公司分拆旗下手机部件及模组、印刷电路板组装等业务，申请赴香港主板上市，2007年12月20日，分拆出来的比亚迪电子（国际）有限公司在香港联交所挂牌上市，集资约59.125亿元。2011年6月30日在A股上市。

2) 车标

比亚迪LOGO在2007年已由蓝天白云的老标换成了只用三个字母和一个椭圆组成的标志了，BYD的意思是build your dreams，即为成就梦想。

比亚迪标志

比亚迪标志

3) 创始人

王传福

王传福，安徽省无为县人，1966年2月15日出生，1987年毕业于中南大学冶金物理化学专业，同年进入北京有色金属研究总院攻读硕士，1990年毕业后留院工作，1995年辞职，创办比亚迪公司，短短几年时间，发展成为中国第一，全球第二的充电电池制造商，2003年进入汽车行业，现为比亚迪股份有限公司董事局主席兼总裁、比亚迪电子（国际）有限公司主席。

5. 长城汽车有限公司

1) 概述

长城汽车股份有限公司（简称长城汽车），其前身是长城工业公司，是一家集体所有制企业，成立于1984年，公司总部位于河北省保定市。

长城汽车是内地首家在香港H股上市的整车汽车企业、国内规模最大的皮卡SUV专业厂、跨国公司。下属控股子公司30余家，员工60000余人。目前拥有6个整车（皮卡、SUV、轿车）生产基地，2015年达到180万辆产能，具备发动机、变速器、前桥、后桥等核心零部件自主配套能力。

2) 车标

长城车标的椭圆外形，象征立足中国，走向世界；烽火台形象是中国传统文化象征；剑锋，充满活力，蒸蒸日上；敢于亮剑，无坚不摧；立体"1"，寓意快速反应，永争第一。

3) 创始人

长城汽车创始人魏建军，河北保定人，1964年出生，中共党员，大专文化。

他将一个乡镇小厂发展成现代化国家级大型企业,成为国内首家在香港上市的民营汽车企业。他带领的长城汽车在国内创出了"长城皮卡连续15年在全国保持了市场占有率、销量第一"、"长城SUV连续三年保持了全国销量冠军"等三项第一。2003年底,"长城汽车"在香港主板上市,成为第一家在港上市的内地民营汽车企业。2013年公布的"2012年A股财富榜"中,魏建军增富124亿元位居榜首。

长城汽车标志

魏建军

3.3.2 日本著名汽车公司

1. 丰田汽车公司

1) 概述

丰田汽车公司(トヨヨ自动车株式会社,Toyota Motor Corporation;简称"丰田"(TOYOTA)),是一家总部设在日本爱知县丰田市和东京都文京区的汽车工业制造公司,前身为日本大井公司,隶属于日本三井产业财阀。丰田是世界十大汽车工业公司之一,日本最大的汽车公司,创立于1933年。丰田汽车隶属于丰田财团。

丰田财团旗下拥有5家世界500强企业,分别是丰田汽车、丰田自动织机、丰田通商、爱信精机、日本电装。十几家财团一级企业均是世界知名企业,产业链覆盖汽车产业从上游原料到下游物流的所有环节。不仅如此,丰田还立足于汽车产业的未来,不断在环保和新能源领域投资,成为环保汽车的领军者。

2) 创始人

丰田喜一郎(1894—1952),丰田公司的创建者,创造了风靡全球的"丰田生产方式"。丰田喜一郎出生于1894年,父亲是日本有名的纺织大王,自动纺织机的发明者。丰田喜一郎在东京帝国大学工学系机械专业毕业后,到父亲的工厂当机械师,经过10年磨练,担任管技术的常务经理。他继承父亲研究与创造的精神,毕生致力于汽车的创造,提出"不是照搬美国,而要结合本国国情创造性地运用批量生产方式,生产出性能和价格两方面都能与外国车抗衡的国产车"的思想。

1933年,公司设立汽车部,拆装、研究了美国雪佛兰汽车发动机。1934年,他托人从国外购回一辆德国产的DWK前轮驱动汽车,经过连续两年的研究,于1935年8月造出了第一辆丰田 GI 牌汽车。

1937 年 8 月 28 日,正式成立丰田汽车工业株式会社。从 20 世纪 50 年代起,公司开始快速发展,1955 年生产出第一辆皇冠轿车,以后又陆续生产出凌志、佳美等著名轿车,1957 年出口到 47 个国家,1959 年在巴西建立第一个国外汽车生产基地。2004 年汽车产量达 754.7 万辆,居日本第一,世界第二,是世界上出口汽车最多的公司。

丰田喜一郎另一项重大贡献在于对生产过程的合理组织和科学管理,创造了风靡全球的"丰田生产方式(TPS)",通过"准时化生产、全面质量管理、并行工程"等一系列方法,最终达到企业利润的最大化和成本的最低化,成为世界许多国家争相学习的先进经验。

1952 年 3 月 27 日,丰田喜一郎患脑溢血去世,终年 58 岁。

3) 丰田汽车标志

丰田公司的三个椭圆的标志是从 1990 年初开始使用的。标志中的大椭圆代表地球,中间由两个椭圆垂直组合成一个 T 字,代表丰田公司。它象征丰田公司立足于未来,对未来的信心和雄心,还象征着丰田公司立足于顾客,对顾客的保证,象征着用户的心和汽车厂家的心是连在一起的,具有相互信赖感,同时喻示着丰田的高超技术和革新潜力。

丰田喜一郎　　　　　　丰田标志

4) 丰田汽车主要车型

丰田汽车主要车型

车型	图示	车型	图示	车型	图示
志炫		花冠		柯斯达	
雷凌		卡罗拉		FJ 酷路泽	

续表

车型	图示	车型	图示	车型	图示
凯美瑞		普锐斯		丰田86	
汉兰达		锐志		逸致	
皇冠		威驰		RAV4	
兰德酷路泽		普拉多			

5) 丰田汽车发展历程上的经典车型

(1) 丰田皇冠。

第一辆丰田皇冠于1955年1月1日在日本下线,1964年9月首次向中国出口,2005年,皇冠12代在天津一汽丰田二厂投产,目前皇冠车型已发展到第14代。皇冠最初是为出租车市场而设计,主要在日本及亚洲部分国家销售。20世纪50年代末皇冠进入美国市场,直至1971年退出。皇冠是丰田仍在生产的历史最为悠久的四门轿车,在丰田产品系列中等级仅次于丰田世纪和丰田皇冠马杰斯塔。皇冠是丰田最早的高端车型,它对丰田后来推出的汽车的命名也产生了巨大的影响,如丰田卡罗拉(Corolla)在拉丁语中意为"小皇冠",丰田凯美瑞(Camry)是日语"皇冠"的音译,克罗娜(Corona)是西班牙语的皇冠。

第一代皇冠

皇冠演变

(2) 丰田卡罗拉。

卡罗拉是日本丰田汽车公司于1966年推出的一款紧凑型轿车,1997年起成为全球销量最多的汽车。迄今为止,卡罗拉已经发展到第 11 代。广受车迷热捧的 AE86 事实上就是第 4 代卡罗拉,该车诞生于 1979 年 3 月,并于 1983 年起推出了经典的 AE86 车型。而让 AE86 从日本红到全球的是漫画《头文字 D》。

卡罗拉

AE86

(3) 凯美瑞。

凯美瑞于 1980 年推出,至今已有 35 个年头。它是丰田的一款偏舒适的全球策略型轿车,凭借着超过 1000 万辆的累计销量,凯美瑞几乎成了丰田旗下除了卡罗拉以外最受欢迎的车型。

(4) 兰德酷路泽。

兰德酷路泽最初命名为丰田吉普 BJ,1954 年为对抗 Land Rover(路虎)车型,改名为 Land Cruiser(陆地巡洋舰)。FJ 酷路泽是 2007 年第八代兰德酷路泽的变形车,FJ 则代表这一车系的越野型。

第一代凯美瑞

FJ 酷路泽

6) 雷克萨斯汽车

雷克萨斯这个品牌最先是在北美推出的,"雷克萨斯"(Lexus)的读音英文与"豪华"(Luxury)一词相近,因此使人产生该车是豪华轿车的印象。雷克萨斯汽车商标采用车名"Lexus"字母"L"的大写,用椭圆环绕的 L 字母。据美国丰田汽车销售公司称,这个椭圆弧度依照精确的数学公式修饰,动用三个以上的设计商和广告商,花了半年多的时间才完成。1987 年,摩利设计公司(Molly Designs Inc.)负责人摩利·山德斯,花了三个月的时间精巧制作出这个别具特色的椭圆和 L,取代原先最有希望获选的版本——一个没有圆圈环绕,看起来像海鸥翅膀的 L。

Lexus LS400 在 1989 年正式上市时,在全球高级车坛引起了震动;有人甚至预测德国豪华轿车说不定将被迫退出美国市场。事实确实如此,Lexus 已经席卷顶级买家的市场,成为全美最畅销的高级轿车。发展至今,Lexus 现已拥有 LS、GS、ES、IS、RX 等不同系列的庞大车系。一个又一个奖项或许就是雷克萨斯证明自己最好的证据。

雷克萨斯标志

第一辆雷克萨斯

2. 本田汽车公司

1) 概述

本田是于 1948 年以生产自行车助力发动机起步的 Honda，一直以"梦想"作为原动力，以"商品"的形式不断为个人和社会提供更广泛的移动文化。尊重个性，重视每一个人个性的观念，使 Honda 形成了推崇员工创造性、自由豁达的企业文化。从创业之初，Honda 一直本着"让世界各地顾客满意"的理念不断开拓自己的事业。以"如何让当地顾客满意"为宗旨，不仅建立了为提供适合当地的商品及服务的广阔销售服务网络，还建立了在当地生产和研发新产品的一整套体制。2012 年，除日本之外，Honda 在全世界 29 个国家拥有 120 个以上的生产基地，产品涵盖摩托车、汽车和通用产品，每年惠顾的客户达 1700 万以上。与此同时，Honda 还积极地履行作为企业的社会义务，积极探索环保和安全的解决方案，且积极参与安全驾驶普及活动等各种解决交通系统问题的活动，为建设更加丰富的移动文化社会而不懈努力。

本田厂房

本田总部

2) 创始人

本田宗一郎于 1906 年 11 月 17 日出生在日本静冈县的一个穷苦家庭，他自幼便对机械表现出了一种特殊的偏好。高小毕业后，16 岁的他不顾父亲坚决反对，毅然来到东京一家汽车修理厂当学徒。1934 年，宗一郎创建了"东海精机公司"，1945 年将自己拥有的股份以 45 万日元价格转让给丰田，自己彻底撤出了"东海精机公司"。1946 年 10 月，宗一郎在滨松设立了"本田技术研究所"，主要生产纺织机械，这是他人生旅途中的一个重大转折点。第二次世界大战刚刚结束，各种物品十分匮乏，由于交通不够发达，频繁流动的人口使汽车、火车等各种交通工具均超员运行，而日本崎岖不平的山路又使骑自行车十分费力。

本田宗一郎看到这一点后，他以低价购到一批通信机，拆下其上的小汽油机，并用水壶作

汽车文化

本田宗一郎

油箱,改制成一架小汽油机后安装到自行车上,做成一种新型的"机器脚踏车"。由于产品适销对路,马上成为抢手货。1947年,当旧通信机用尽以后,本田宗一郎又亲自动手研制了50 mL双缸"A型自行车马达",这就是最早的"本田摩托发动机"也是本田A型摩托批量生产的开始。

1948年9月,他正式组建了"本田技术研究工业总公司"并出任社长,从此揭开了本田大发展的序幕。在经营摩托车获得成功以后,本田于1962年开始涉足汽车生产。他们利用在摩托车开发、经营中获得的丰富经验及大量资金,不顾一切地投入汽车开发,结果获得极大成功:先后推出过T360型卡车、S500型轿车、N360型轿车等汽车产品,其中N360型轿车曾一度为全球畅销车。

1991年8月5日,为世界汽车业留下了光辉一笔的本田宗一郎去世了。但他三个喜悦——购买的喜悦、销售的喜悦、制造的喜悦的企业口号和三个尊重——尊重理论、尊重创造、尊重时间的经营经验还会继续发挥其应有的作用。

3) 本田汽车标志

H是本田汽车和摩托车的图形商标,是"本田"日文拼音"HONDA"的第一个大写字母。本田汽车商标中的字母"HM"是"HONDA MOTOR"的缩写,在这两个字母上有鹰的翅膀,象征着飞跃的本田的技术和本田公司前途无量。1960年,"H"商标首次在S500跑车上使用,"H"商标伴随本田赛车,在1965年墨西哥举办的世界F1汽车大赛上一举夺冠,并在第二年的F2汽车大赛上取得胜利;更令本田辉煌的是在1967年在意大利大奖赛取得了F1冠军。

1969年,本田公司为突出鹰的形象,而使用了纵长的"H"商标。1980年,为了体现本田公司的年轻、技术先进和设计新颖的特点,决定使用形似三弦音箱的"H"商标,该商标把技术创新、团结向上、经营有力、紧张感和轻松感体现得淋漓尽致。

本田标志

4) 本田汽车主要车型

本田汽车主要车型

车型	图示	车型	图示	车型	图示
杰德		飞度		奥德赛	

续表

车型	图示	车型	图示	车型	图示
思域		凌派		思铂睿	
歌诗图		CR-V		雅阁	
锋范		滨智			

5）本田发展历程中的经典车型

（1）S500敞篷跑车。

1963年本田第一辆汽车S500跑车在日本投放市场，总共生产了1363辆。其采用后驱形式，搭载一台排量为531 mL的直列4缸DOHC发动机，红线转速高达9500转，并匹配4速手动变速箱。1964年本田首次参加F1世界一级方程式锦标赛，1965年本田便收获了它们的首个分站赛冠军，表现出强劲的实力。不过本田作为引擎供应商取得了8个车队及车手年度总冠军。

（2）本田N360。

1966年采用前轮驱动方式的本田N360小型两厢车在日本投放市场，该车正是后来大名鼎鼎的思域的前辈。N360拥有两门两厢和两门旅行车两个版本，动力系统采用水冷直列2缸发动机和四速手动变速箱。

本田S500　　　　　　　　　　　　　本田N360

（3）本田思域。

1972年本田的明星车型思域（Civic）问世，思域以其出色的设计、优良的性能表现，取得了巨大的成功，问世40多年来在全球取得了超过2000万辆的累积销量。根据不同地域的消费者需求，思域推出了多种车型来满足消费者，包括五门版、轿跑版、混合动力版、旅行版以及面向欧洲市场的三门掀背版，丰富的车型也成为思域获得成功的一个重要因素。

(4) 本田雅阁。

1976年本田汽车发布最著名的代表性产品雅阁Accord轿车,时至今日,雅阁已经发布了9代车型,是市场上一款非常成功的中级车,其在中国中级车市场上同样扮演着极为重要的角色。最新的第九代雅阁相比第八代更为大气、豪华,更多的科技配置也加入进来,其中Earth Dreams环保动力总成技术让新车更加高效,并首次推出了PHEV插电式混合动力车型。

第一代本田思域

第一代本田雅阁

(5) NSX。

1990年本田推出了顶级跑车——大名鼎鼎的NSX。NSX是一款以法拉利和保时捷为竞争目标的超级跑车,它以F1赛车的设计概念打造,拥有轻量化的全铝车身和中置发动机后驱布局,使用具有本田VVT和VTEC技术的V6发动机,性能表现相当出众。

本田NSX

6) 讴歌汽车

讴歌(Acura)是日本本田汽车公司旗下的高端子品牌,于1986年在美国创立,其名称Acura源于拉丁语Accuracy(精确),标志为一个用于工程测量的卡钳形象,反映出讴歌精湛的造车工艺与追求完美的理念。作为第二个日系豪华汽车品牌,讴歌以个性化和前瞻科技的运动豪华理念对豪华车的概念进行了重新诠释,品牌一经推出即在北美市场获得了巨大的成功。讴歌的车型均在北美进行设计、开发和生产,先后开发出了以TL、RL、MDX等车型为首的丰富产品线。讴歌品牌于2006年9月27日正式登陆中国市场。

本田讴歌标志

3.日产汽车公司

1) 概述

日产(NISSAN,ニッサン),是日本的一家汽车制造商,由鲇川义介于1933年在神奈川县横滨市成立,目前在二十个国家和地区(包括日本)设有汽车制造基地,并在全球160多个国家和地区提供产品和服务。公司经营范围包括汽车产品和船舶设备的制造、销售和相关业务。1999年,雷诺与日产汽车结成独立的合作伙伴关系,在广泛的领域中展开战略性的合作,日产汽车通过联盟将事业区域拓展至全球,其经济规模大幅增长。

日产总部

日产总部

2) 日产汽车标志

日产汽车的标志是将 NISSAN 放在一个火红的太阳上，简明扼要地表明了公司名称，突出了所在国家的形象，这在汽车商标文化中独树一帜。

日产标志

3) 日产汽车主要车型

日产汽车主要车型

车型	图示	车型	图示	车型	图示
玛驰		阳光		楼兰	
骊威		天籁		帕拉丁	
骐达		逍客		GT-R	

续表

车型	图示	车型	图示	车型	图示
轩逸		奇骏			

4）日产发展历程中的经典车型

（1）达特桑1200。

达特桑原由户田铸物汽车部大阪工厂生产，日产汽车公司的创立加速了这一品牌的发展。1934年4月底日产横滨工厂一期工程的完成，使达特桑底盘配件年产量达1170件。达特桑在当时很受日本的欢迎，因其价格低廉、油耗少，适合日本的路况。

（2）蓝鸟。

1959年，日产公司在达特桑的基础上设计开发的蓝鸟1000、蓝鸟1200同时在日本上市，出现了持续旺销的局面。

达特桑1200　　　　　　　　蓝鸟

（3）公爵30。

1960年，公爵30发布，该车是日本第一款采用Mono-Space车体结构以及四速手排变速系统的轿车，也是日本第一款采用电动座椅的轿车，刚推出就受到了日本民众青睐，销量极好。

（4）阳光（Sunny）。

1966年，日产在日本历史上第一次公开征集车名，引发私人购车的热潮，从848万应征信中选定"Sunny"成一代名车。

公爵30　　　　　　　　第一代阳光

（5）GTR。

1969年，第一代GTR作为Skyline车的运动版诞生，该车在1969年至1972年间创下50场比赛不败纪录。1973—2007年，第二代至第六代GTR陆续推出。历代GTR赢得了无数车赛冠军,留下了各种传奇故事,成为车迷心中的战神。

6) 英菲尼迪

英菲尼迪(Infiniti)是日产汽车公司旗下的豪华车品牌,于1989年诞生于北美地区。凭借独特前卫的设计、出色的产品性能和贴心的客户服务,英菲尼迪迅速成为全球豪华汽车市场中最重要的品牌之一。

GTR

英菲尼迪于1989年11月8日最先在美国上市,上市的车型包括高性能豪华轿车Infiniti Q45和充满操控乐趣的豪华双门跑车Infiniti M30。与雷克萨斯、宝马、奔驰在北美市场分庭抗礼,并且迅速成长为北美重要的豪华车品牌。自诞生之日起,英菲尼迪便以独特前卫的设计、出色的操控表现和顶级的客户服务著称。如今英菲尼迪已拥有双门跑车、轿车、越野车和SUV等全系列车型,又有M系列高性能运动轿车加入英菲尼迪产品家族,使其产品线更为丰富。

在北美市场取得成功的同时,日产汽车公司在2005年出台了为期三年的"日产增值计划",把英菲尼迪在全球的推广作为重要战略举措之一,并将中东、韩国、俄罗斯、中国及乌克兰定为全球扩张的重点目标市场。2005年7月,韩国第一家英菲尼迪经销店正式开业;2006年4月,英菲尼迪宣布了进军欧洲的时间表;2006年8月,英菲尼迪产品在莫斯科车展亮相,成为进军俄罗斯市场的精彩开端。

英菲尼迪FX系列

英菲尼迪标志

3.3.3 韩国著名汽车公司

1. 现代汽车公司

1) 概述

现代汽车公司是韩国最大的汽车企业,原属现代集团,世界20家最大汽车公司之一。成立于1967年,创始人是原现代集团会长郑周永。公司总部在韩国首尔,现任会长是郑梦九(郑周永之子)。

现代汽车年产量100万辆,主要产品有小马牌、超小马牌、斯拉塔牌小客车及载货车。目前现代汽车公司已发展成为现代集团,其经营范围由汽车扩展到建筑、造船和机械等领域。

2) 创始人

1915年11月,郑周永出生在朝鲜北部江原道一个贫苦的农民家庭。日复一日的苦苦耕田,郑周永渴望着能走出农村。从1931年,郑周永小学毕业,他离家出走了4次。后去米店打工,由于勤奋努力,积攒了很多人脉。

1940年2月1日,他集资重新办起专修汽车的"阿道汽车修配厂",在经营中他也学会了汽车原理和发动机的构造知识。当时的阿道汽车修配厂已经有60名员工,也算不小的企业了,可是郑周永每天早饭除了泡菜和一碗粥以外再无他物,其余时间忙得连头都抬不起来,就是在这样的努力和勤奋下,厂子一天一天壮大了。

1945年,郑周永与几位朋友在汉城买下一处被没收的地产搞汽车修理,首次挂起了"现代自动车工业社"。当时进驻朝鲜南方的美军车辆很多,郑周永因修理经验多、技术好而获得客户信任,不到一年工夫郑周永的工厂就发展成为近百人的大型修理厂了。

1976年1月,通过引进乔治·敦布尔设计室的车型以及使用从日本国和英国学习到的生产技术。现代汽车的第一个自主车型"小马"终于投产。这款微型汽车在韩国市场迅速获得了巨大成功,令现代汽车雄踞韩国市场首位长达20年之久,成为汽车市场上一匹实实在在的黑马。

3) 现代汽车标志含义

现代汽车公司标志椭圆内的斜字母H是现代公司英文名HYUNDAI的首个字母,椭圆既代表汽车方向盘,又可看作地球,两者结合寓意现代汽车遍布世界。

郑周永

现代标志

4) 现代汽车主要车型

现代汽车主要车型

车型	图示	车型	图示
瑞纳		Ix25	
朗动		Ix35	

续表

车型	图示	车型	图示
名图		途胜	
索纳塔 8		胜达	

5) 现代发展历程中的经典车型

(1) 现代小马(Pony)。

于 1974 年 10 月在意大利都灵车展头一次亮相的小马,可谓是国际汽车业的大组合,3970 mm×1560 mm×1360 mm 的车身外观由乔治·亚罗工作室操刀,底盘源自福特,引擎则向日本三菱购买 Thunder 系列生产制造权,就在这样的搭配下,拥有五门斜背造型及 2340 mm 轴距的小马就此诞生。1975 年 12 月正式量产的小马。在当时的韩国仍属于奢侈品级别,为了拓展市场,现代集团将重点放在了当时最大汽车市场所在的美国,在 1976 年小马共生产了 4 万辆,大受市场欢迎。

(2) 现代酷派。

1997 年,现代推出第一代酷派(Coupe)跑车,该车展示一种全新的乘坐感受和驾驶乐趣,在设计上可以满足驾驶员在情感上、精神上各方面的驾驶要求。

现代 Pony   现代酷派

第4章 赛场风云

4.1 早期汽车赛事

当汽车还处于发展和不断更新阶段时,汽车界就开始开展汽车比赛。1894 年,在法国巴黎举行了世界第一次汽车比赛,路线是从巴黎到莱茵再返回巴黎,参加比赛的汽车共有 102 辆。其中汽油车 30 辆,酒精车 7 辆,蒸汽车 28 辆,电动车 4 辆,其余各式车 33 辆。通过比赛,只有 9 辆车跑到了终点,蒸汽车轻而易举地获得第一名,获胜汽车的速度仅为 24 km/h。自从第一次汽车比赛开始以后,美、英、德等欧美国家每过几年就要举行一次汽车比赛,逐渐地出现早期的赛事。

社会发展到今天,汽车赛事已成为世界各地固定流行的赛事,赛车逐渐成为一种专门的车型,跻身于汽车大家庭。各厂家纷纷把最新技术成就应用到赛车上,赛车的车型和车速也得到了大幅度的改进和提高。到今天,汽车赛事除去固定的车与车之间的角逐外,还出现了汽车拉力赛、一级方程式赛、汽车足球赛、汽车泥潭赛、太阳能汽车赛、交通较量及每年一度的伦敦老爷汽车赛等,车速也从开始的 24 km/h 提高到 500 km/h。

4.2 赛车运动摇篮期

汽车运动与汽车技术的发展相互影响,相得益彰。

1912 年 7 月著名的赛车手 L. G Hornsted 在约克郡沙特伯恩金沙驾驶奔驰参加比赛,1914 年,他打破了布鲁克陆地赛的纪录,这项纪录是 1911 在亨利亲王杯上由另一辆奔驰车创造的。

彼时,在大西洋两岸,一些大型的赛道建成,赛车已经开始成为一种独立的行业。第一个世界级的赛道是在英国萨里郡布鲁克兰兹,1907 年 7 月那里举行了第一场比赛。美国印第安纳波利斯赛道在 1909 年 8 月开业,在 1911 年那场著名的 500 英里赛中,Ray Harroun 驾驶的 Marmon Wasp 获胜。

赛车运动摇篮时期

4.3 赛车运动黄金期

4.3.1 赛道的发展与变革

1907年,第一条专为比赛修建的赛道在英国萨里的布鲁克兰建成。

20世纪前十年,美国人受尽了欧洲人拿走车队冠军、车手冠军的羞辱。但自1909年的印第安纳波利斯竞速比赛(the Indianapolis Motor Speedway),情况有了转机。赛车运动开始向西部扩军。越来越多的赛道在西部修建完成,最出名的是1英里或2英里的椭圆形木制赛道。这种赛道建造较快,采用较经济的木材作为原料。经营商很喜欢这种赛道,因为这里观众座位得到规范,便于收费。观众也喜欢,因为他们可以看到整个赛道。至于比赛本身,这样的设计也使其更加紧张、快速,当然也更危险了。

竞速赛道　　　　木制赛道

从1917年起,美国汽车联合会(American Automobile Association)组织的全国冠军联赛全部采用椭圆形赛道。其中很多就是这种木制赛道,它也被人们戏称为"马达轰鸣的木板"(roaring boards)。当然必须指出的是这种赛道有致命的危险,然而这种挑战危险与比赛过程中的变幻莫测,更加突显了车手的智慧与勇气。

欧洲经济发展在1911开始好转,到第一次世界大战前的几年时间,赛车运动有了短暂的发展。而正是在这段时间,赛车设计经历了一场革命。修建赛道时,开始重视转弯和曲折的设计。赛车的设计也有改变,过去的一味追求大马力的赛车已不再适应。赛车设计更加关注可操控性和机动性,刹车性能得到改进,引擎则要求在各种速度时都有上佳表现。1914年时的赛车基本构造,在以后的40年中都没有大的改变。

4.3.2 赛车的发展与改良

第一次世界大战中,欧洲赛车运动处于非常不利的境地,战后相当一段时间才恢复起来。在第一次世界大战期间,虽然没有举办比赛,但欧洲工程师们却从战争里学了很多技术,欧洲人正走向一条通往先进科技的道路。第一次世界大战有两个重要的结果:第一,意大利自此开始统治欧洲车坛;第二,美欧的科技差距开始拉大。先说美国的情况:汽车制造商生产了许多车身瘦长的赛车,如Miller122,它们是为美国的竞速赛道量身定做的。而在欧洲,菲亚特正在研制高转速顶置凸轮轴发动机,与之匹配的是轻量的805底盘,这种组合使车速达到了105 km/h。1922年的法国斯特拉斯堡大奖赛上,Felice Nazzaro驾驶这辆菲亚特轻松夺冠。1923年,专为大奖赛设计的菲亚特805、405问世,这两辆赛车安装了增压器,还应用了风洞原理。

但有些出乎意料的是，在1923年的法国大奖赛上，它被一辆英国车击败，车手Henry Segrave 驾驶一辆Sunbeam赢得了比赛，而这辆Sunbeam是1922年菲亚特的抄袭版本。从此以后，菲亚特加强了保密工作，使用自己单独的人马，车手也固定为Pietro Bordino 和 Nazzaro。

Miller122

为了不落后于菲亚特，阿尔法·罗密欧在1923年生产了P1，在此基础上，1924年生产了大奖赛赛车P2。P2轻松赢得了1925年新举办的全年大奖赛的年度车队总冠军。P2自此保持全胜，直到法国Montlhery大奖赛的事故。车手Ascari的生猛驾驶风格使他的车刷蹭到了赛道护栏，赛车翻车，Ascari遇难。

Fiat805　　　　　　　　　　　　**P2**

随着阿尔法宣称参赛费用过于昂贵而退出，以及世界经济危机的影响，赛车的黄金时代结束。

4.4　经济危机中的赛车运动

经济危机对赛车运动的冲击是致命的。富士重工的首席执行官森郁夫曾表示，"由于全球经济的快速衰退，商业环境已经发生了巨大变化，为了优化资源配置，公司决定退出世界拉力锦标赛。于2008年底，日本富士重工宣布，旗下的斯巴鲁车队将退出2009年的世界汽车拉力锦标赛，成为"逃离"昂贵赛车运动的第三家日本汽车厂商。同年，日本铃木汽车及日本第二大汽车厂商本田为了能有更多的资金用于核心的汽车制造业，宣布退出F1赛事。

经济危机对全球汽车产业打击沉重，汽车需求量骤然陷入低迷，导致汽车厂商收益大幅下滑，为此，他们不得不想尽办法削减开支。由于赛车运动耗资巨大，因此投资谨慎的日本厂商纷纷退出。赛车运动中，F1是毋庸置疑的"烧钱"大户，像本田这样的非顶级车队，一年也要花掉 5 亿美元左右，相比之下，拉力赛的开销要小很多，而且世界拉力锦标赛还有着吸引私人参赛者的传统。但是经济危机已经迫使多家日本汽车厂商与这些烧钱赛事挥别了。

4.5　FIA 四大赛事

4.5.1　F1 世界一级方程式锦标赛

世界一级方程式锦标赛 F1，是方程式比赛中级别最高的，F1 管理公司是 FOM（Formula One Management），总部设在伦敦，负责各站的商业和广告业务，第一次 F1 大奖赛举办于 1950 年英国银石。F1 在现今赛车领域所代表的地位有如"奥运"或是"世界杯足球赛"。目前 F1 共有 11 支参赛车队，每场比赛最多只有 22 位车手上场，每年规划有 16 至 17 站的比赛，通常约在三月中开跑，十月底结束赛季。每站比赛可吸引超过 10 亿人次通过电视转播或其他媒体观赏这项世界顶级的赛事。

F1 赛事

参加 F1 需要有由 FIA 颁发的特别驾照：FIA super licence。F1 的年度锦标分为两种，车手锦标及车队锦标。在很多 F1 专家的眼中，车队锦标的价值大于车手锦标。计分方式是积分制，车手与车队的积分都是累积的，比赛前八位完赛车手及所属车队依序可得到 10，8，6，5，4，3，2，1 的积分。假如比赛在未达全部赛程 75% 时被迫中止，则积分必须乘以 1/2。在空气动力学及轮胎的配合之下，F1 赛车的过弯能力高达 $4g$，因此 F1 的驾驶员必须是世界上最强壮的运动员，通常一场比赛车手必须换挡 2500 次，平均 2 s 要换挡一次，车手的注意力必须高度集中，过弯时的 $4g$，让车手的重量变成四倍，身体或许还有安全带可固定，但头部就需要极强壮的颈部肌肉才能支撑。而一场比赛下来，车手会脱水 3.5～4 kg，这些对车手的体能都是极大的挑战。参加一场 F1 所花的体力和踢一场世界杯足球赛或打一场 NBA 篮球赛相当。与其他运动较不同的是，赛车舞台的荣耀绝不只是由车手一人所囊括，而是车手与车队整体团队合作的成果，但也不是说车手素质的好坏不会响成绩，要知道，今天能坐进一级方程式赛车驾驶舱的车手，每一位都是身经百战脱颖而出的名将，而除了天分与丰富的赛车经验外，不断地努力才是他们成功的因素。

现今 F1 天王舒马赫就曾说过：大家都说我是天才车手，但如果我有百分之三的天分，其他百分之九十七的努力才是我信心的来源。

4.5.2 世界拉力锦标赛 WRC

世界拉力锦标赛（World Rally Championship,WRC）始于1973年,这项赛事将各国单独举办的汽车拉力赛冠以世界锦标赛的头衔,是FIA国际汽联四大赛事之一。为了争夺系列赛冠军的宝座,WRC每年将在世界各地举行14～16站比赛,每一分站比赛通常为3天,在事先设定的赛道上划出了20～30处被称为SS(Special Stage)的赛段,即特殊赛段,每个赛段最短3 km,最长可达30 km。在各赛段上每隔2～3 min有一辆赛车出发投入比赛,总成绩以车手在各赛段时间累计分出胜负,用时间最少排名最前。在赛车规格上,所有参赛车辆必须以量产车研发制造而成,并在雨林、泥泞、雪地、沙漠及蜿蜒山路等不同的路况进行比赛,每年全球有近10亿人次通过各种方式观看WRC比赛。

WRC

WRC作为与一级方程式赛齐名的世界顶级赛事,在比赛方式上有着自身的特点:错开时间出发的车手们是在完全看不见竞争对手的情况下进行比赛的。另外,WRC赛车上除了车手还会有一名领航员(Co-Driver),领航员通过阅读纪录赛段路况的笔记来帮助车手快速通过障碍。车手们在领航员配合下,任凭大雾弥漫或者风雪交加,以超出人们想象的速度行驶过每一处弯道,以最短时间完成比赛的车手赢得胜利。而在比赛之外的行驶路段和堪路阶段,赛车与普通民用车一样,需要遵守交通法规。

比赛依参赛车的不同分为原厂组Group N和改装组Group A两大组别。A组与N组又依排量的不同将两组各分为4小组。A组:A8组为2000cc以上改装组;A7组为1601-2000cc改装组;A6组为1401-1600cc改装组;A5组为1400cc以下改装组。N组:N4组为2000cc以上原厂组;N3组为1601-2000cc原厂组;N2组为1401-1600cc原厂组;N1组为1400cc以下原厂组。每一站比赛每组最少要有5辆车参赛,否则必须强迫晋升上一级比赛。

WRC比赛中,A组有两项FIA锦标赛,包括WorldRallyCar(W.R.Car)组及超级1600cc组。在每一分站的比赛各取前8名,分别获得10、8、6、5、4、3、2、1的积分,车手所得积分可成为车手本身和车队年度的积分。其中W.R.Car组是包括在A8组中,这个锦标赛只有汽车制造厂身份的厂队才有参赛资格。目前大家熟知的WRC参赛车与车手,很多都是参与W.R.Car组。超级1600cc组则是归入A6组中,所谓超级1600cc组是搭载1600cc以下自然吸气发动机的两轮驱动赛车,作为WRC的垫场赛事,与N组间隔共享全年分站赛事,并且至少要参加两场以上的分站。

4.5.3 FIA GT

FIA GT 的赛事从 1997 年开始正式开赛,参赛车必须以量产车为基础制作而成,车重约在 1100 kg,最大输出约在 450~600 马力,为了增加赛事可看性,设置了获胜车手加重制度。

有别于先前的 BPR GT 赛事系列,基于降低参赛成本的考量,1999 年起,FIA GT 赛事取消了 GT-1 级组的比赛,仅限于符合 GT-2 规格的赛车参赛,因此先前如 McLaren F-1、Porsche 911 GT1、Benz CLK GTR、Lotus ELISE GT1 等 GT1 等级的超级跑车被迫离开此赛事,仅能在利曼 24 h 及区域性保有 GT1 级组的 GT 赛事出赛,FIA GT 也因此逊色不少。

在 GT-2 组别跃升为 FIA GT 的主角后,有能力角逐冠军的似乎只剩 Viper GTS-R 及 911 GT2,战况呈现一面倒的情况,在没有其他厂队继续投入的情况下,赛事面临票房不佳的瓶颈。

FIA GT 参赛车手,通常都比较有经验而且平均年龄偏大,其中更不乏前 F1 或其他赛事转战的车手,还有很多是多金人士自组车队亲自上场,如 Philippe Charriol 钟表的老板 Philippe Charriol 先生就是其中之一,他与其他 Lamborghini 同好共同参与这项比赛。

FIA GT

FIA GT 基本规则是每场比赛赛程以 500 km 或 3 h 为度,比赛采用动态起跑,车手必须具有 FIA 或 FIA 之 ASN 所发给的 C 级以上赛车执照。参赛车必须以量产车为基础制作而成,赛车不必加装触媒转换器也不限定噪声。每一部车至少两名最多三名车手,每位车手最多只能持续驾驶赛程的 55%,进 Pit 房换车手、换胎、加油时只能由两位技师同时进行。自由练习到测时赛期间内每部车限用 4 套干胎,雨胎必须有超过 25% 的面积为排水槽。正式比赛时的轮胎使用数量并无限制,但不可使用车轮胎加温器。每一站取车队参赛车成绩最佳的前两个累积车队积分。

每站完赛前五名必须接受加重,第一名加重 25 kg、第二名加重 20 kg、第三名加重 15 kg、第四名加重 10 kg、第五名加重 5 kg,并以累积 100 kg 为上限。所加的额外配重在下一次完赛,并且成绩在第六名之外方可减重,第七名减重 5 kg、第八名减重 10 kg、第九名减重 15 kg、第十名减重 20 kg、第十一名及以后减重 25kg。每次减重以 25 kg 为限。

4.5.4 世界房车锦标赛(WTCC)

世界房车锦标赛(World Touring Car Championship,WTCC)是 FIA 国际汽联于 2005 年新推出的一项全球性汽车赛事,它的前身即为 ETCC(Europe Touring Car Championship)。

汽车文化

WTCC

　　WTCC将延续ETCC的Super 2000车辆规则,每站比赛分两回合(每回合8圈)进行,并颁发冠军车手和冠军车厂两个奖项。参赛的车辆为Super 2000级别,必须以量产房车为基础,发动机排量不能超过2000cc,采用自然吸气方式,功率在250~270马力之间。目前2005年度WTCC赛程安排暂定为10站比赛,除了延续ETCC原有的欧洲分站以外,增加了中美洲的墨西哥、欧亚交界的土耳其以及亚洲中国的澳门三站比赛,其中,澳门被指定为全年的收官之战。

第 5 章 新能源汽车

5.1 新能源汽车的定义和分类

我国较早对新能源汽车给出的定义:采用非常规的车用燃料作为动力源(或使用常规的车用燃料且采用新型车载动力装置),综合车辆的动力控制和驱动方面的先进技术形成的技术先进、具有新结构的汽车。基于此,根据动力源的不同,新能源汽车可以分为以下四个大类。第一类是仍以内燃机为动力源的新型燃料汽车。使用气体燃料,如氢气、压缩天然气、液化天然气和液化石油气,或使用不由原油裂化得到的液体燃料,如乙醇、生物柴油等生物燃料。第二类是以太阳能为动力源的汽车。第三类是以氢燃料电池为动力源的汽车。第四类是以电能作为动力源的汽车。其中,根据电力驱动的程度,进一步可以分为纯电动汽车、插电式混合动力汽车和内燃机动力为主电力驱动为辅的不具有插电式的一般混合动力汽车。

国务院颁布的《节能与新能源汽车产业发展规划(2012—2020 年)》明确新能源汽车的范围为插电式混合动力汽车(同时要求单次纯电行驶里程不小于 50 km)、纯电动汽车和燃料电池汽车,并将常规混合动力汽车划归为节能内燃机汽车。

综上,我们认为新能源汽车是指采用新型动力系统,完全或主要依靠新型能源(如电能等非石油燃料)驱动的汽车。具体的分类如下。

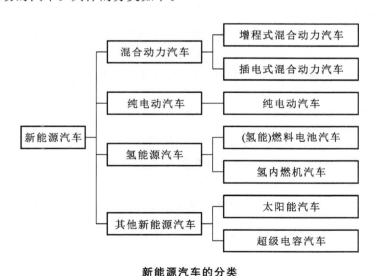

新能源汽车的分类

5.1.1 混合动力汽车

在谈及新能源混合动力汽车(增程式插电混合动力)之前,先了解一下传统意义上对混合动力汽车的定义。混合动力汽车也称为复合动力汽车,其动力输出部分或全部依靠车载的内燃机提供,根据对其他动力源(如电动力源)的依赖程度不同,混合动力汽车分为弱混混合动力汽车、轻混混合动力汽车、中混混合动力汽车和重混(全混)混合动力汽车;根据其动力输出的分配方式不同,混合动力汽车分为并联混合动力汽车、串联混合动力汽车和混联混合动力汽车。首先了解一下增程式混合动力汽车,它是在纯电动汽车上加装一套内燃机作为电力源的充电系统,其目的是减少汽车的污染,提高纯电动汽车的行驶里程。插电式混合动力汽车是可以直接由外接电源充电的重度混合动力汽车,而且电池容量较大,可以靠纯电力驱动行驶较远的距离(目前我国的要求是综合工况下行驶 50 km),因此其对内燃机的依赖较少。在插电式混合动力中,电动机是主要的动力源,而内燃机作为备用动力,当动力电池能量消耗到一定的程度或电动机不能提供所需动力时才启动内燃机,以混合动力模式行驶,并适时向电池充电。

插电式混合动力汽车与增程式混合动力汽车虽然都属于可充电的混合动力汽车,但是它们之间却有本质的区别。插电式混合动力汽车是在重度混合动力汽车的基础上,再增加配置动力电池和充电接口,使用者可获得更多的纯电行驶里程;增程式混合动力汽车是在纯电动汽车的基础上,装备一个小型的辅助发动机组,以备电池电量不足时为电池充电(这里要说明,该种充电由于发动机功率受限,它只是一定程度的补充,并不是只要发动机工作,就可以满足汽车各种工况下的电驱动所需电力)。这里还有一个概念也需要特别说明,就是充电的概念。广义上讲,电池增加电能的过程就可以称为充电,因此新能源汽车的动力电池有以下三种充电模式。

(1) 内燃机的机械能通过发电机转化为电能输入给动力电池。

(2) 车辆减速,通过电动机(此时电动机将作为发电机)将车辆的动能转化为电能输入给动力电池(即能量回收)。

(3) 通过车载充电机或外部充电桩,将外部电源的电能输入给动力电池(外接充电)。

因此,为了进行区分,通常将充电定义为以内燃机的机械能作为动力源的模式,可理解为狭义充电的概念,而能量回收不再称为充电,外部充电是指上面所述第(3)种模式。

5.1.2 纯电动汽车

纯电动汽车(BEV)是指以动力电池为唯一车载能源,并由电动机提供驱动转矩的汽车。其优点是:无排放污染,噪声低;能源转化效率高且多样化;使用和维护与内燃机汽车、混合动力汽车和燃料电池汽车相比较为简单,动力传动部件更少,维护工作量更少,特别是电动机本身,使用范围广,不易受所处环境影响,所以纯电动汽车的服务成本和使用成本相对较低。

5.1.3 氢能源汽车

氢能源汽车有两类:一类是氢燃料电池汽车(或称燃料电池汽车);另一类是氢内燃机汽车(或称氢能燃料汽车)。这两者有很大的区别,前者是由氢燃料通过化学发应产生驱动电力(这点又不同于一般的纯电动汽车,纯电动汽车的电力是通过车载动力电池的反复充电获得的);而氢内燃机汽车是以氢气为燃料,通过氢发动机(类似于传统能源的汽油发动机)直接燃烧氢气从而获得动力。总之,两者都是以氢气为燃料,排放物是水,没有污染,因此,氢能源汽车是传统汽车最理想的替代方案,也是最被寄予希望的绿色能源汽车。

5.2 知名新能源汽车

5.2.1 特斯拉(Tesla)

1. 特斯拉概述

特斯拉(Tesla),是一家美国电动车及能源公司,产销电动车、太阳能板及储能设备。总部位于美国硅谷的帕罗奥多(Palo Alto),2003年最早由马丁·艾伯哈德和马克·塔彭宁共同创立,2004年埃隆·马斯克进入公司并领导了A轮融资。创始人将公司命名为"特斯拉汽车"(Tesla Motors),以纪念物理学家尼古拉·特斯拉。

特斯拉第一款汽车产品Roadster发布于2008年,该车为一款两门运动型跑车。2012年,特斯拉发布了其第二款汽车产品——Model S,一款四门纯电动豪华轿跑车;第三款汽车产品为Model X,豪华纯电动SUV,于2015年9月开始交付。特斯拉首席执行官埃隆·马斯克表示,特斯拉努力为每一个普通消费者提供其消费能力范围内的纯电动车辆;特斯拉的愿景是"加速全球向可持续能源的转变"。

2. 特斯拉的发展历程

1991年,通用汽车研发出EV-1电动车,并作为第一款量产电动汽车投放市场,这款车其貌不扬,续航里程为140 km,由于投入与产出比不高,在生产了二千多辆之后,通用汽车于2002年宣布放弃。事后,参与EV-1项目的工程师艾尔·科科尼在加州创建了一家电动汽车公司AC Propulsion,并生产出仅供一人使用的铅酸电池车T-Zero。

2003年7月1日,艾伯哈德与长期商业伙伴马克·塔彭宁合伙成立特斯拉(Tesla)汽车公司。成立后,特斯拉开始寻找高效电动跑车所需投资和材料。由于艾伯哈德毫无这方面的制造经验,最终找到AC Propulsion公司。在AC Propulsion公司CEO的引荐下,埃隆·马斯克认识了艾伯哈德的团队。

2003年,T-Zero换上锂电池后行驶里程就达到480 km。特斯拉花了约五年时间的打磨,才把Roadster推上市。在这期间,主要时间和金钱花在了研发上。比如,特斯拉电动车引以为傲的续航能力来自由七千多颗电池组成的电池包,即使短路也不会着火,个别电池损坏不会影响其他电池,这套电池控制系统是特斯拉自己研制的,到目前为止还没有出现过电池故障。而且,这一模式还能保证随时可以用到最先进的电池来装备特斯拉电动汽车。

2004年2月,埃隆·马斯克向特斯拉投资630万美元,但条件是出任公司董事长,拥有所有事务的最终决定权,而马丁·艾伯哈德作为特斯拉之父任公司的CEO。

2004年到2006年,虽然公司一路由20人增至150人。但首款车型Tesla Roadster的研发工作却遭遇了瓶颈。

2006年,艾伯哈德在特斯拉官网一篇名为《态度》的开篇博客中写道:传统大型汽车企制造出来的电动汽车,续航里程有限,性能平平,外形一般。特斯拉汽车是为热爱驾驶的人们打造。我们不是为了最大限度降低使用成本,而是追求更好性能,更漂亮外观,更有吸引力。

2007年,危机集中爆发,而变速箱问题成为导火索。作为一辆堪比保时捷和法拉利的超级跑车,Tesla Roadster对高性能加速的要求非常高,这时候,不配备多级变速箱的情况显然不能满足Roadster的需求,因为异步电动机在低转速的情况下功率输出效率较低,所以引入二级变速箱顺理成章。但问题是,如何在高压高功率电控系统和变速箱协调之间做系统性研发,业界还没有先例。

2007年,由泽夫·德罗里接任特斯拉的CEO职务,泽夫·德罗里是Monolithic内存公司的创始人,在硅谷同样有相当高的知名度。

2008年,新CEO上台之后解雇了几位关键人物,创始人马丁·艾伯哈德以及其搭档马克·塔彭宁都先后相继离开了特斯拉。

2008年2月,特斯拉开始交付第一辆Roadster,最初的7辆车作为"创始人系列"提供给马斯克和其他出资人,这份名单里有谷歌的拉里·佩奇、谢尔盖·布林,Ebay的杰夫·斯科尔等,当然也包括已离开公司的艾伯哈德。

2008年10月,第一批Tesla Roadster下线并开始交付。但是,原计划售价10万美元的Roadster实际成本却高达12万美元,和既定的7万美元成本相距甚远,马斯克不得不将售价提升至11万美元。这一举动引来客户的极大不满,不过,即使将售价提高1万美元,特斯拉依旧面临赔钱卖车的窘境。随后,特斯拉用了8周时间,将一辆Smart改装成电动车,改装项目包括底盘、电池、电动机和电控系统。马斯克用先进的技术打动了戴姆勒,后者最终投资7000万美元收购特斯拉10%的股份,两家公司也进入更紧密的战略合作阶段。不久,特斯拉又与丰田签订合作协议,为丰田提供电池组以及电动发动机。为了维持现金流,马斯克又拿出了自己仅存的6000万美元,用于生产和工程的流动资金。

2009年,奥巴马和朱棣文参观特斯拉工厂,特斯拉也成功获得美国能源部4.65亿美元的低息贷款。

2010年6月,特斯拉登陆纳斯达克,IPO发行价17.00美元,净募集资金1.84亿美元,融资额达2.26亿美元。开盘当日,马斯克也在账面上力挽狂澜地赚了6.3亿美元,特斯拉成为目前唯一一家在美国上市的纯电动汽车独立制造商。

2010年7月,该公司引进了苹果的零售店副总裁乔治·布兰肯西普来负责它的零售战略。

2012年6月22日,美国加州弗里蒙特(Fremont)的特斯拉工厂生产的全新电动车系列"Model S"首辆电动跑车正式交付。

2012年10月,特斯拉汽车公司获得加州能源委员会(California Energy Commission)一项价值1000万美元的专款资金资助,用以生产特斯拉Model X SUV,并进一步扩建其弗里蒙特工厂。

2013年5月初,特斯拉宣布其2013年第一季度首次盈利,一时成为全球瞩目的焦点。

2013年5月9日,马斯克在个人博客中写道:"只想对客户和投资人说声谢谢,你们给了特斯拉一个穿越漫漫长夜的机会,没有你们我们走不到今天。"

在马斯克的主导下,特斯拉收购了SolarCity,引发了人们对太阳能电动汽车的遐想。此前 SolarCity 由马斯克和其家族成员控制，但在收购后隶属于特斯拉的公司实体。对 SolarCity 的收购暗示了马斯克对特斯拉未来的期许，并不仅仅满足于特斯拉成为一个汽车制造商。2017 年 2 月 1 日起，公司正式改名为"特斯拉公司"，而不再是以前的"特斯拉汽车公司"。

3. 特斯拉车标

特斯拉的"T"形车标不仅是发明家特斯拉（Tesla）名字的首字母缩写，其背后还另有深意。特斯拉 CEO 马斯克在其推特上解释，这个风格化的"T"实际上也是对公司产品的暗示，称 T 形标识代表着电动马达的横截面。字母 T 的主体部分代表电动机转子的一部分，而顶部的一条线则代表了外围定子的一部分。在标识设计方面，特斯拉还与 Space X 有相似之处。Space X 是马斯克的另一项大胆冒险，致力于打造火箭并将有效载荷发送至太空轨道。马斯克在推文中称 Space X 标志中变形的"X"代表着火箭发射轨迹。特斯拉和 Space X 的标识都出自 RO-Studio，一家总部位于新泽西的设计公司。

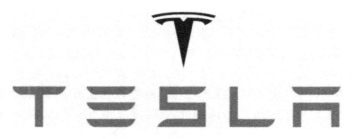

特斯拉车标

4. 特斯拉主要车型的性能参数

特斯拉车型的定位是高端产品，目标为高收入群体中的公众人物。其集独特的造型、高效的加速、良好的操控性能与先进的技术于一身。下表为特斯拉 Roadster 的主要性能参数。

特斯拉 Roadster 主要性能参数

续航里程/km	最高车速/(km/h)	充电时间	整车质量/kg	外形尺寸	电池类型	最大功率/kW	最大扭矩/(N·m)
390~502	190~210	慢充 7~10 h 快充 45 min（80%）	2108	4978 mm× 1964 mm× 1435 mm	锂离子电池	222~310	440~600

5.2.2 沃蓝达（Volt）

美国通用汽车公司于 2010 年推出上市的雪佛兰沃蓝达是一款能够在全天候、全路况下行驶，且不必为续航里程担忧的电动车，是一款典型的增程式混合动力汽车。雪佛兰沃蓝达概念车首次配备通用汽车最新、最高效的氢燃料电池系统，体现了通用汽车在致力于实现零排放、能源多元化进程中的不懈努力。

雪佛兰沃蓝达配备的 E-Flex 系统架构采用通用汽车最新的第五代燃料电池推进技术和锂电池，其体积只有雪佛兰 Sequel 概念车的一半，但却能提供与上一代车相当的动力和性能。在无需燃油、零污染排放的电力驱动下，最大续驶里程可达 483 km。

另外，E-Flex 动力推进系统可通过外接电源充电获取驱动汽车所需要的电力。雪佛兰沃蓝达在 110 V 电源上充电约 6 h 即可充满锂电池，而使用 220 V 电源充电的话，所需的时间更短。使用纯电动模式，沃蓝达可在城市道路上行驶约 60 km，且不会消耗一滴燃料和排放一丝废气。这意味着如果消费者的住所到工作地点的往返距离在 60 km 以内，且能每晚回家后或白天工作期间进行充电的话，就可以告别加油站。

当储蓄的电力耗尽后，E-Flex 动力推进系统可以将汽油、乙醇、生物柴油、氢气等能源转化成电能，从而为车辆的行驶确保有足够的电力驱动能力。例如配备 1.0 L 的三缸涡轮增压发动机的雪佛兰沃蓝达，通过能源转化，每百千米的汽油消耗量仅为 4.7 L，燃油消耗仅为传统汽车的一半。根据实验数据，如果使用汽油内燃机，沃蓝达的最大续航里程可超过 1000 km。

5.2.3　宝马 i8

宝马于 2013 年正式发布了 i8 插电式混合动力车。宝马 i8 从一开始就被设计成具有敏捷性能特点的插电式混合动力跑车。内燃机、电动机、储能装置、功率电子装置、底盘结构和防碰撞功能均位于铝制驱动模块中。宝马 i8 所使用的插电式混合动力系统由两台电动机和一台 1.5 L 3 缸双涡轮增压汽油发动机构成。这套混动系统工作时的最大输出功率可达到 266 kW，峰值扭矩为 570 N·m。i8 从静止加速至 100 km/h 仅需 4.4 s，极速可达到 250 km/h。而在纯电动模式下，可以续航 35 km，最高时速也可达到 120 km/h。

宝马 i8 车型在正常行驶时有三种驱动方式：一是纯电动模式，二是发动机驱动模式；三是两个驱动模块共同为车辆提供动力。车辆在制动过程中，电动机会作为发电机为电池组充电；车辆在行驶中，电脑会根据驾驶人对加速踏板的操作来自行选择驱动方式，一方面要保证车辆对驾驶人的动作做出最及时和准确的反应，另一方面也要尽可能降低车辆的油耗水平。

此外，宝马 i8 是世界上首款配备了化学强化玻璃的量产车。化学强化玻璃创新制造技术迄今主要广泛用于智能手机，它的材料具有极高的稳定性。在宝马 i8 中，隔开乘客舱和行李舱的玻璃由两层化学强化玻璃组成，每层厚度仅为 0.7 mm，中间嵌声效膜。与传统的夹层玻璃技术相比，这一结构类型不仅具有优越的声学特征，还使得质量减轻了约 50%。

5.2.4　比亚迪·唐

比亚迪·唐为插电式混合动力汽车，于 2015 年 1 月 20 日问世。比亚迪·唐搭载了三擎双模动力系统，其由一台 2.0 TI 涡轮增压发动机和前后两个电动机组成，可实现前轮与后轮独立动力输出。在混合动力模式下，三个"引擎"同时发力，可迸发出 371 kW 的最大功率和 820 N·m 的扭矩。据官方表示，比亚迪·唐 0～100 km/h 的加速时间仅需 4.9 s，最高时速可达 180 km。另外，百千米油耗仅为 2 L，纯电续驶里程可达 60 km，日常代步完全可以实现零油耗。此外，比亚迪·唐极速版拥有更强大的性能表现，其 0～100 km/h 加速时间更是仅需 4.5 s，纯电续驶里程可达 80 km。

第6章　在发展中逐步改善的汽车

6.1　汽车安全性

随着社会的发展，交通安全问题越来越凸显，传统的汽车安全理念也在逐渐发生变化，传统的安全系统，比如安全带、安全气囊、保险杠等多是些被动的防护设施，并不能有效解决交通事故的发生，随着科技的进步，汽车的安全被细化，目前汽车安全分为主动安全、被动安全两种概念。

6.1.1　汽车主动安全

汽车安全设计要从整体上来考虑，不仅要在事故发生时尽量减少乘员受伤的几率，而且更重要的是要在轻松和舒适的驾驶条件下帮助驾驶员避免事故的发生。过去，汽车安全设计主要考虑被动安全系统，现在汽车设计师们更多考虑的则是主动安全设计，使汽车能够主动采取措施，避免事故的发生。主动安全设计是在汽车上装有规避系统，包括装在车身各部位的防撞雷达传感器、多普勒雷达传感器、红外雷达传感器、盲点探测器等设施，由计算机进行控制。在超车、倒车、换道、大雾、雨天等易发生危险的情况下随时以声、光形式向驾驶员提供汽车周围必要的信息，并可自动采取措施，有效防止事故发生。另外在计算机的存储器内还可存储大量有关驾驶员和车辆的各种信息，对驾驶员和车辆进行监测控制。例如，根据日本政府提出的"提高汽车智能和安全性的高级汽车计划"，由日本丰田公司研制成功的丰田高级安全汽车即具有驾驶员瞌睡预警系统、轮胎压力监测警告系统、发动机火警预报系统、前照灯自动调整系统、盲区监控系统、汽车间信息传输系统、道路交通信息引导系统、自动制动系统、紧急呼叫（SOS）停车系统、灭火系统以及各向安全气囊系统等。

车身雷达

6.1.2 汽车被动安全

汽车被动安全性,是指交通事故发生后,汽车本身减轻人员伤害和货物损失的能力,也就是说在事故中能提供的安全性。汽车被动安全技术是指汽车在发生事故后能对车内乘客和外部行人提供避免或降低伤害的保护措施。常见的被动安全设施有安全带、安全气囊、车体结构及其改进。

1. 安全带

安全带作为汽车发生碰撞过程中保护驾乘人员的基本防护装置,它的诞生早于汽车。早在1885年,安全带出现并使用在马车上,目的是防止乘客从马车上摔下去。1902年5月20日在纽约举行的一场汽车竞赛上,一名赛车手为防止在高速中被甩出赛车,用几根皮带将自己和同伴拴在座位上。竞赛时,他们驾驶的汽车因意外冲入观众群,造成观众两人丧生,数十人受伤,而这几名赛车手却由于皮带的保护死里逃生。这几根皮带也就成为汽车安全带的雏形,在汽车上的首次使用,便挽救了使用者的生命。

1922年,赛车场上的跑车开始使用安全带;1955年,美国福特汽车安装了安全带;1968年,美国规定轿车面向前方的座位均要安装安全带。欧洲和日本相继制定了汽车乘员必须要使用安全带的规定,我国公安部于1992年11月15日颁布了通告,规定从1993年7月1日起,所有小客车(包括轿车、吉普车、面包车、微型车)驾驶人和前排座乘车人必须使用安全带。

安全带的标准形式是尼尔斯发明的三点式,这种汽车安全带开始为人接受始于1967年,尼尔斯在美国发表了《28000宗意外报告》,当中记录了1966年瑞典国内所有牵涉沃尔沃汽车的交通意外,数字清楚显示,三点式安全带不但在超过半数的个案中,降低乘客受伤的机会,更能够保住性命。

自安全带问世以来,无数生命因它获救,特别是在高速公路的行驶上,其作用更加明显。近年来更有先进的预拉式安全带及束力限制式安全带。

三点式安全带

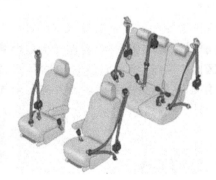
全车安全带

2. 安全气囊

使用安全气囊来保护汽车乘员的想法最先产生于美国。1952年,美国汽车生产者联合会在理论上阐述了这种汽车安全系统的必要性,几乎同时,这种系统的原理图也绘制了出来。1953年8月,赫特里克首次提出了"汽车用安全气囊防护装置",并在美国获得了"汽车缓冲安全装置"专利。但是,由于当时技术水平的限制,还不能把这种想法或专利实现。1966年,梅赛德斯-奔驰公司开始研发安全气囊装置,梅赛德斯的工程师们首先发明了碰撞传感器以及气体发生装置,让安全气囊能够在 30 ms 内膨胀展开,他们还研制出了抗撕裂的气囊织物材料,改善了气囊的膨胀特性,最终,把整个装置设计安装在汽车的方向盘中。在大约 250 次真车撞击试验,2500 次的台架试验,以及超过 7000000 km 的车辆路试之后,在 1980 年 12 月,同预张紧安全带一起,安全气囊被安装在了当时最新的奔驰 S 级轿车上。而从 1985 年起,奔驰在全部供应美国市场的汽车上都有安装这种安全系统。

据统计,安全气囊在严重的碰撞事故当中能够保护约三分之一的人员生还,另外,六分之一的驾驶员或前排乘客能够在碰撞中得到安全气囊的保护而被拯救。安全气囊的使用明显提高了汽车的被动安全性。

前排安全气囊

3. 车体机构及其改进

1) 碰撞缓冲防护系统

碰撞缓冲防护系统是最基本的行人保护设施,主要涉及车身吸能材料的应用,如吸能保险杠、软性的引擎盖材料、大灯及附件无锐角等。其中,在发动机舱盖段面上采用缓冲结构设计,则是目前国内汽车厂商较为常见的做法。

本田雅阁作为代表车型,其在发动机盖掀起的末端安装一个活动铰链,碰撞到行人时,铰链带动发动机盖下沉,从而达到缓冲伤害的作用;此外,前翼子板和保险杠也都预留出碰撞的余地空间,同样起到缓冲作用。

本田雅阁

本田钢结构

2) 主动防护引擎盖系统

主动防护引擎盖系统利用引擎盖弹升技术,使发动机在汽车发生碰撞时瞬间鼓起,使人体不是碰撞在坚硬车壳上,而是碰撞在柔性与圆滑的表面上。在检测到撞人之后,车辆就会自动启动发动机盖弹升控制模块,车内配备的弹射装置便可瞬间将发动机罩提高,相当于在人落下时在下面垫了气垫。

目前,类似技术在本田讴歌 RL 和 TL,日产 GTR、350Z 和 Skyline,英菲尼迪 G37,雪铁龙 C6 等车型上广泛应用。

以速度著称的车型更需要完备的安全保护,不仅是对车上人员的保护,还包括对车外的行人的保护。捷豹 XF 0.03 s 弹起发动机盖 65 mm。捷豹的设计师们研发出被称为全球首创的"爆发式行人撞击引擎盖抬升系统(PDBS)",并在 2005 款 XK 上使用了这一技术,随后也用于 XF 车系。

捷豹 XF

0.03 s 弹起发动机盖 65 mm

3) 新奔驰 E 级自动复原的弹起系统

奔驰新 E 级轿车的弹起式发动机盖,可弹起 50 mm,通过前保险杠感应器,使用弹簧产生上弹力,利用电磁螺线管开锁,弹起后驾驶者可以自行关闭发动机盖,系统自动复原。

奔驰 E 级

E 级轿车的弹起式发动机盖

4) 智能安全保护系统

车辆智能安全保护系统能够对行人采取主动保护,在事故发生以前就及时通知驾驶者,从而避免车祸的发生或者将伤害降至最小。

该系统包括安全系统、危险预警系统、防撞系统等,涉及传感器技术、通信技术、信息显示技术、驾驶状态监控技术等。

这些车载设备包括安装在车身各个部位的激光雷达、红外线传感器、超声波传感器、盲点探测器等,具有事故监测功能,能随时通过声音、图像等方式向驾驶员提供车辆周围及车辆本身的必要信息,并可以自动或半自动地进行车辆控制,从而有效地防止事故的发生。

沃尔沃 XC60

沃尔沃 XC60 的雷达与摄像头监测

以沃尔沃为代表的汽车将主动安全技术全面运用于行人保护方面,尽量避免与行人碰撞的发生,降低伤害。这一系统就是被称作带自动制动功能的碰撞警示系统(CWAB),它使用雷达和摄像头探测汽车前方的行人。

6.2 智能导航

随着我国汽车保有量的迅猛增加,城市的交通拥堵日益严重。从 2003 年到 2013 年的 10 年间,我国汽车的保有量迅速增长,从 2400 万辆增长到 1.37 亿辆,年均增量达 1100 万辆。清华大学能源环境研究所所长张希良预计,到 2020 年,中国汽车保有量将达到 2.7 亿辆,拥堵高峰即将来临。

在日益严峻的拥堵形势下,各大城市纷纷采取各种治堵措施。北京从 2008 年开始就采取了限行措施,并从 2011 年开始实行买车摇号。为了规避交通拥堵,各种导航系统应运而生,包括原厂原装导航、后装导航和各种手机导航系统。

1. 原厂原装导航

1) inkaNet 系统规划路线与人工规避拥堵

inkaNet 系统具有强大的语音识别能力,其大多数的功能都可以通过语音来完成。实用的路书功能也都可以给车主不少的路线规划建议。

inkaNet 的人工服务能为车主设置好路线并下载到导航系统,车主可以根据自己的实际需求进行选择。inkaNet 系统在路线规划的时候可以进行避堵选择,在导航的时候可以查询路径详细情况。路径详细情况里面有实时路况信息,选择"避开"即可以顺利躲开拥堵路段。

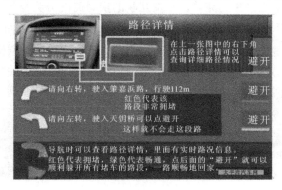

inkaNet

实时路况信息最快可以 1 min 刷新一次,最大限度地避免信息延误。如果在路况比较好的情况下,车主可以选择 2 min 或者 5 min 刷新一次路况信息。

语音功能不仅仅包括导航、放音乐、打电话、发短信、查问天气状况、查询股票信息等,还包括车辆救援服务。如果发生意外,inkaNet 的人工服务可以对车辆进行定位并给予车主相应的帮助指引。

2) 安吉星人工服务重新规划路线

避堵功能当然不仅仅是 inkaNet 的专利,安吉星的人工服务也都可以做到。当你路上遇到临时拥堵路段或者是交通管制的时候,都可以通过安吉星的人工服务系统进行路线的重新规划,要求避开某路段并重新生成路线。安吉星在车辆安全方面的服务可以说是多款车载智能系统里最全面的。一旦车辆的碰撞突破了感应器的临界点,车辆的信号发射器就会第一时间给 OnStar 拨通电话。在这个过程中,车辆已经被卫星牢牢地定位了,驾驶员可以立即与安吉星 OnStar 的工作人员进行必要的通话。

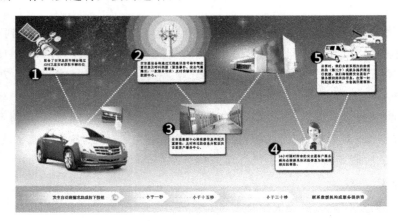

安吉星导航

2. 后装导航

当然,规避拥堵可不仅仅是原厂导航的专利。后市场车联网发展也都在紧紧追逐着原厂的步伐,车友互联系统也是其中一员。车友互联从 3.0 版本开始,就已经拥有了规避拥堵路段的导航功能。现在的 4.0 版本,功能已经更为完善。车友互联的实时路况分为播报、关注路况和分享路况两部分。车友互联通过采用专业的第三方数据和车友路况分享相结合,为车友提供更精确的路况信息。在播报关注路况中,地图会通过红、黄、绿三种颜色来区分道路的畅通情况,红色为堵塞,黄色为一般,绿色则为畅通;而车友的路况分享功能,则可以根据系统设定的不同的事故现象来进行区分。

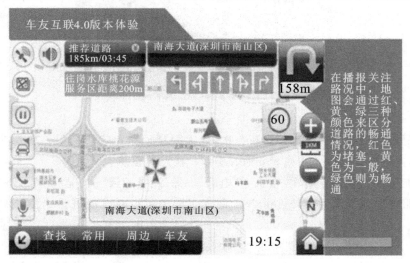

车友互联车友分享路况

3. 手机导航

1）凯立德实时路况查询

凯立德地图从 C-Car 3D 版开始就已经拥有了实时路况功能。但是使用实时路况功能是需要收费的，输入 K 卡的密码激活后才可以使用。

地图上会分别用红色、橙色、绿色对应代表拥堵、缓慢、畅通路段。当车主选择避免拥堵路段的时候，系统会重新规划路线，生成新的路线继续导航功能。

2）百度地图

百度地图提供了丰富的查询功能，能为使用者提供最适合的路线规划。百度地图还为使用者提供了完备的地图功能，如搜索提示、视野内检索、全屏、测距等，便于更好地使用地图。

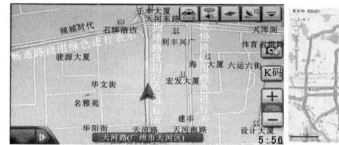

百度地图

6.3 能源消耗与汽车节能减排

6.3.1 汽车能源消耗

目前，汽车使用的能源主要是石油，而地球上的石油储量按现在的消耗速度只能维持大约 150 年的使用，如果世界状况没有特别大的变化，能源消耗速度在未来的年份还会继续加大。近年来随着我国交通建设和公路运输行业的迅猛发展，交通运输中的能源消耗越来越大，因此，如何节约能源已经成为交通运输行业亟待解决的首要问题。

交通工具	每人每千米耗能	交通工具	每人每千米耗能
小汽车	8.1	地铁	0.5
摩托车	5.6	轻轨	0.45
公共汽车	1.0	有轨电车	0.4
无轨电车	0.8	自行车	0.0

各种交通工具能源消耗

6.3.2　汽车节能减排

汽车节能技术是用于改进汽车能源消耗的技术。汽车节能措施涉及技术方面和非技术方面。就中国的现状而言,非技术方面的有效措施包括以下几个方面:公路与交通设施的合理配套,车型及油品按需生产配置,运营的合理等。技术方面的有效措施包括:保证产品质量,按照规范使用和维护机器,改变汽油机燃烧方式以提高能量转换效率。在现有的燃烧方式下,可以采取以下手段进行节能:改进供油系统,汽油机改汽缸燃油喷射,可提高汽油燃烧效率;改进点火系统,提高汽油机运转稳定性;减少发动机附件损失,合理使用配件,进行相应的改装。

第7章 汽车新技术和未来汽车

7.1 概念汽车

概念车是体现某种新设计、新技术,具有消费导向作用但尚未推向市场的新型汽车。

7.1.1 概念车的定义

概念车(concept car)可以理解为未来汽车,汽车设计师利用概念车向人们展示新颖、独特、超前的构思,反映人类对先进汽车的追求。概念车(包括自行车)往往只是处在创意、试验阶段,也许不会投产。与大批量生产的商品车不同,每一辆概念车都可以摆脱生产制造工艺的束缚,尽情夸张地展示自己的独特魅力。随着时代的进步,概念车已经从高科技、强动力走向低耗能、求环保,例如标榜零消耗、零污染的叶子概念车。

7.1.2 概念车的起源与发展

1. 概念车的起源

别克 Y Job 是汽车工业界公认的世界第一辆概念车,它于1938年由美国通用汽车艺术和色彩部首任主任、美国汽车造型之父——哈利杰·厄尔(Harley Earl)发明。1938年,厄尔设计出世界上第一辆概念车——别克 Y Job。这是一部梦想之作,而非现实之作。连续的弯曲表面和突出车身水平性的平行合金饰带创造了一种狭长的流线型车身。Y Job 还充分利用了现代技术,具有电控折叠顶篷和车窗。它也是第一款去掉了脚踏板的汽车,此外还有其他创新细节,如平面门把手和水平水箱护罩。厄尔的设计远远超越了他所在的年代。这种开拓性、开创性的设计手法随即成为其他制造商竞相模仿的对象。

叶子概念车

别克 Y Job

2.概念车的发展

概念车是时代的最新汽车科技成果,代表着未来汽车的发展方向,因此它展示的作用和意义很大,能够给人以启发并促进相互借鉴学习。因为概念车有超前的构思,体现了独特的创意,并应用了最新科技成果,所以它的鉴赏价值极高。

世界各大汽车公司都不惜巨资研制概念车,并在国际汽车展上亮相,一方面了解消费者对概念车的看法,从而继续改进;另一方面也是为了向公众显示本公司的技术进步,从而提高自身形象。概念车是汽车中内容最丰富、最深刻、最前卫、最能代表世界汽车科技发展和设计水平的汽车。概念车的展示,是世界各大汽车公司借以展示其科技实力和设计观念的最重要的方式。因而概念车也是艺术性最强、最具吸引力的汽车。

对于电动车、太阳能车及另类燃料车这类的概念车,早在20世纪80年代,已有车厂研发,而且技术已经相当成熟。问题是当时的环保概念并没有深入人心,车厂开发环保概念车有点包装形象的意思,并且大多是不会投产的科研概念项目。即使到了今天,很多的概念车也依然不会进行投产,车厂更多的是会借鉴,吸收某些概念车的一些创意,可以说这些创意概念反映了车厂的未来。在一些国际大车展上,例如底特律车展、法兰克福车展、巴黎车展以及东京车展,这类凝结了先锋的科研成果的概念车大放异彩,车展也变成了一场盛大的车坛奥运会,成为车迷们膜拜朝圣的焦点。

标致概念车

奥迪概念车

近年,自主品牌也推出了一些概念车,但只是一些商业化的车型,在创意和科研上没有突破,举办的车展最大的亮点就是卖车,消费者只盼第一时间看到想买的新车,很少会关注车厂是否推出了有创意的概念车,而大部分车厂都只顾眼前的利润,在概念车的创新和研发上并没有下太大的功夫。

7.1.3 世界十大绿色概念车

1.法国"气流"概念车

"气流"(Airflow)概念车是一款轮式电动汽车,材料全部由玻璃构成。汽车具有一种全新的操控感;驾驶者视野良好,能够更清晰地了解车外世界。这款汽车由法国著名设计师皮埃尔

· 萨巴斯设计,曾经荣获皮尔金顿汽车设计大奖赛"最佳设计说明奖"。

法国气流

2. 瑞典"Lexus Nuaero"概念车

"Lexus Nuaero"汽车也是一款电气混合动力的玻璃概念车。该款汽车的设计灵感来自于玻璃建筑。通过玻璃与其他材料的配合使用,创造出一种层次感,具有良好的透明度,给驾驶者以更好的视觉效果。这款概念车是由瑞典设计师乔恩·莱德布林克设计完成的。皮尔金顿汽车设计大奖赛评委们一致同意将"最佳玻璃使用奖"授予该款汽车。

瑞典"Lexus Nuaero"概念车

3. 西班牙"感觉"概念车

"感觉"(Senses)概念车以海藻作为动力燃料,其最大特点是所有外部材料制造均采用固体全息图技术。此外,该款汽车还采用人工智能技术,汽车内部将根据外界环境、乘客情况以及事先想定的场景自我调整、自我适应。这款样子看起来很"酷"的汽车,其设计者事前竟然不懂某些相关技术。这款概念车是由西班牙设计师亚特罗·佩拉尔塔·诺古拉斯设计完成的。

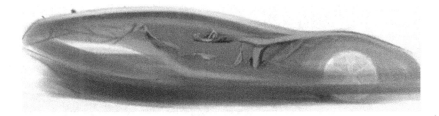

西班牙"感觉"概念车

4. 韩国"变色龙"概念车

"变色龙"(Chameleon)概念车的设计体现了一种时尚感。该款汽车的样式设计思想来源于时装的领口、领带以及女性的眼线膏等时尚用品。汽车的整体形状是不对称的,"像服装一样,永无完美可言",无论怎么设计都是对的。此外,由于采用了顺磁性技术,"变色龙"汽车可以根据你的服装等物品,改变自己的车身颜色。这款车是由韩国设计师金东奎设计完成的。

"变色龙"概念车

5. 意大利"我的休闲室"概念车

"我的休闲室"(My Lounge)概念车是一个充满个性化的汽车。该款汽车采用一种所谓的 Ikea 设计理念,允许汽车购买者任意布置内部设施,像设计自己的起居室一样随意,但前提是不得暴力扭曲汽车的主体架构。这款概念车是由意大利汽车设计师伊拉里亚·萨科设计完成的。

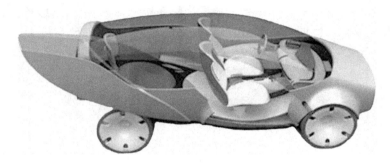

意大利"我的休闲室"概念车

6. 芬兰"欧米加"概念车

"欧米加"(omega)概念车看起来并不像一辆汽车,却更像是一个休闲太空舱。驾驶厢和乘客厢分别是独立的车厢,这与我们通常的汽车结构有着很大的区别。"欧米加"概念车是由芬兰设计师乔纳斯·瓦尔托拉设计完成的。

芬兰"欧米加"概念车

7. 保罗-豪克设计的"谜"概念车

"谜"(Enigma)是一款电动汽车,其理论上的动力来源为太阳能。该款汽车采用磁悬浮技术,乘客厢相对于车体的其他部位,形成一个独立的空间。"谜"概念车极度体现了奢侈性和排他性。

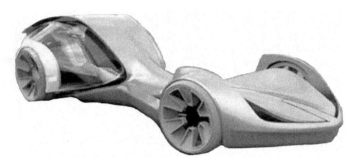

保罗·豪克设计的"谜"概念车

8. 西班牙"软体汽车"

"软体汽车"(Soft Vehicle)是用泡沫塑料制成。车厢门的开关是一条拉链,驾驶者拉开拉链爬进车厢。设计者认为,车体越软,驾驶越安全。这款概念车是由西班牙著名设计师拉奎尔·阿帕里西欧·洛佩兹设计完成的。洛佩兹还准备进行进一步的设计改进,采用橡胶、纺织物以及其他柔软材料。

软体汽车

9. 西班牙"凤凰"概念车

"凤凰"(Phoenix)概念车的设计理念是实现最大功效。车身前部有一个涡轮、一个动力轴,尾部装有电动机。席尔瓦将该款汽车比作是一个带跨斗的摩托车。这款概念车是由西班牙汽车设计师塞吉欧·劳里罗·席尔瓦设计完成的。

西班牙"凤凰"概念车

10. 韩国"变形"概念车

"变形"(Transform)概念车具有透明的弹性顶部。弹性的顶部可以根据驾驶者的身高以及心情,伸长为任意形状。这款概念车是由韩国著名设计师郑日宇设计完成的。

韩国"变形"概念车

7.1.4 中国的概念车

1. 泛亚研究中心概念车

中国古代传说中有一种吉祥动物,形状像鹿,头上有角,后有尾巴,全身披鳞甲,古人将它象征祥瑞。1999年,上海国际车展,以"麒麟"为名的第一款概念车吸引了世人的目光,这是第一辆由中国人设计,在中国制造并面向中国市场的经济型汽车。

设计中国第一款概念车"麒麟"的是上海的泛亚研究中心,泛亚汽车技术中心160名工程师中的多数参与了这一项目。"麒麟"的设计过程中的独特之处首先在于其设计不是从设计室开始,而是从顾客需求出发。当时泛亚在重庆、威海、东莞、鞍山和保定5个城市的汽车用户中进行调查,同时还汇集了中国各地不同人群对汽车的各种需求。根据这些意见,泛亚着手进行图纸设计、计算机辅助设计、制作黏土模型,最终完成了这一概念车型。

五门两厢式的"麒麟"概念车的特点是车身框架非常坚固,外形简朴,大轮胎和高底盘(165 mm),使它可适应复杂的路面条件,装置4缸16气门发动机,前轮驱动,车厢内放置五个座位,前排座位的腿部空间达1 m以上,肩部空间超过1.3 m,行李舱空间可以装下1.36 m³的货物。

泛亚"麒麟"概念车

尽管溢美之词掩饰不了它的稚嫩,"麒麟"在传统的眼光里根本不算是一辆轿车,但正因为是第一辆,所以我们无法苛刻要求,但是"麒麟"却唤醒了还在沉睡的当时的诸多汽车生产厂家,这是中国汽车工业的一次突破。

2001年泛亚又造"凤凰"燃料电池车,大大地缩小了国内、国外在国际先进动力最前沿技术方向的差距;2003年的"鲲鹏"是对所在微型车细分领域的全新探索,挑战了设计的极限,演练了低成本构造,泛亚以每两年一辆概念车的速度成长,这使得中国汽车厂商在目睹这一个又一个的中国概念车神话之后,开始醒悟,中国需要概念车,可以有越来越多的概念车,技术落伍并不丢人,真正丢脸的是束手就擒。

"凤凰"燃料电池车

"鲲鹏"概念车

2. 其他概念车

当世界刮起了复古风的时候,吉利汽车走在潮流的前端,吉利"城堡"概念车融合了时下消费者对数字化、智能化和自动化的追求;奇瑞公司的 NEW CROSSOVER 轿车,创造了时尚新生活的理念;比亚迪的 ET 是一款外形动感前卫的电动概念车,体现了新能源的应用;哈飞赛豹则是我国的第一辆敞篷概念跑车;长安集团推出了"龙腾"和"长江鲟","龙腾"概念跑车,将古典与现代的风格有机交融在一起,富有东方韵味的同时又给人以现代冲击力。

如今,在众多的中国概念车的大花园里,我们发现务实的车商较少,真正钻研的不多,概念车的量产还属空白。在概念车实现中国造的梦想之后,我们还需要踏实的技术支持和耐心的等待。

7.2 智能汽车

7.2.1 基本概念

所谓智能汽车,就是在普通汽车的基础上增加了先进的传感器(雷达、摄像头)、控制器、执行器等装置,通过车载传感系统和信息终端实现与人、车、路等的智能信息交换,使汽车具备智能的环境感知能力,能够自动分析汽车行驶的安全及危险状态,并使汽车按照人的意愿到达目的地,最终实现替代人来操作的目的。

智能车辆是一个集环境感知、规划决策、多等级辅助驾驶等功能于一体的综合系统,它集中运用了计算机、现代传感、信息融合、通信、人工智能及自动控制等技术,是典型的高新技术综合体。目前对智能车辆的研究主要致力于提高汽车的安全性、舒适性,以及提供优良的人车交互界面。近年来,智能车辆已经成为世界车辆工程领域研究的热点和汽车工业增长的新动力,很多发达国家都将其纳入到各自重点发展的智能交通系统当中。

加装传感器的智能汽车　　　　　　苹果智能汽车假想图

7.2.2　发展现状与趋势

1. 发展现状

1) IT 巨头与汽车企业采用完全不同的技术路线

宝马曾表示:"我们比 IT 企业更了解汽车的参数,更能确保汽车行驶中的安全。你可以允许苹果手机死机,但决不能允许宝马车在半路'死机'。"这或许反映了 IT 企业与汽车企业的不同思路,前者凭借强大的后台数据、网络技术、智能软件的支持,能够很好地实现汽车与云端的互联;而汽车企业则更多地考虑到车辆的实用性和安全性,固守汽车本身的优势。

手机远程控制　　　　　　宝马 Vision Connected Drive

2012 年 8 月,谷歌宣布其研发的无人驾驶汽车已经在电脑的控制下安全行驶了 30 万英里。谷歌无人驾驶汽车依靠激光测距仪、视频摄像头、车载雷达、传感器等获得环境感知和识别能力,确保行驶路径遵循谷歌街景地图预先设定的路线。其装置价格昂贵,大约需 30 万美元,难以大规模推广应用,其本质符合军用智能车的技术特点。与 IT 企业不同,沃尔沃、奥迪、奔驰、宝马、丰田、日产、福特等汽车巨头均选择了更具实用性的民用智能车技术路线。在技术装置方面主要采用常规的雷达(厘米波、毫米波、超声波)、相机(立体、彩色、红外)、传感器(雷达、激光、超声波)、摄像机等进行环境感知和识别,通过基于车联网的协同式辅助驾驶技术进行智能信息交互,结合 GPS 导航实现路径规划,并且更加注重机电一体化系统动力学及控制技术的研发,成本低廉,便于大规模推广应用。

| 谷歌无人汽车 | 沃尔沃智能汽车蓝图 | 奥迪自动泊车系统 |

2) 世界汽车巨头正致力于"高度自动驾驶技术"的研发和产业化

智能汽车前两个层次的"辅助驾驶技术"和"半自动驾驶技术"已经得到广泛应用,并成为提升产品档次和市场竞争力的重要手段。智能汽车第一层级的辅助驾驶技术包括自主式辅助驾驶技术和协同式辅助驾驶技术两种,通过警告让司机防患车祸于未然。其中,包括前碰撞预警(FCW)、车道偏离预警(LDW)、车道保持系统(LKS)、自动泊车辅助(APA)等在内的自主式辅助驾驶技术已经得到广泛应用,处于普及推广阶段,并由豪华车下沉至B级车。汽车辅助驾驶技术成为获取E-NCAP四星和五星的必要条件。在美国、欧洲、日本等汽车发达国家和地区,基于车联网V2I/V2V技术的协调式辅助驾驶技术正在进行实用性技术开发和大规模试验场测试。半自动驾驶技术近年来在高端车上逐渐获得应用,比如已经获得广泛应用的自适应巡航控制系统(ACC)。

前碰撞预警　　　　车道偏离预警

 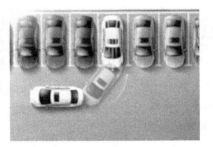

车道保持系统　　　　自动泊车辅助

世界汽车巨头们正致力于第三个层次"高度自动驾驶技术"的实用化研发和产业化,即将实现量产上市。沃尔沃将率先量产全球第一个自动驾驶技术系统——堵车辅助系统。该系统是自适应巡航控制和车道保持辅助系统的集成与延伸,它可以使汽车在车流行驶速度低于50 km/h的情况下,自动跟随前方车辆行进。此外,奥迪、凯迪拉克、日产、丰田等都计划推出诸如自动转向、加减速、车道引导、自动停车、自适应巡航控制等技术的汽车,它们大多属于第三层次的智能驾驶技术。

3)全工况无人驾驶

由于车联网 V2X 技术涵盖汽车、IT、交通、通信等多个行业,相关技术标准法规仍不健全,协调式辅助驾驶技术目前尚未得到大规模推广应用。谷歌无人驾驶汽车目前还离不开人的操控,只能按预定程序行进,在雾雪天气还会受到干扰,并且在加速、减速及转向时衔接不太好。总之,全工况的无人驾驶技术仍处于研发阶段,最终的实用性测试和验证还需要很长时间。

随着 V2X 技术最终实用性测试和无人驾驶实用化技术开发的进行,需要进一步建立和完善车联网 V2X 技术标准法规、无人驾驶技术标准法规,并据此逐步建设相应的通信、道路基础设施,构建起完整的智能化的人、车、路系统,为协调式辅助驾驶技术和无人驾驶技术的大规模推广应用奠定基础。

无人驾驶汽车要真正上路,还将面临法律和道德方面的问题。一方面,无人驾驶汽车与有人驾驶汽车发生交通事故时,其责任归属以及保险赔付等问题待商议解决;另一方面,无人驾驶技术永远是将保护车辆和车内人员作为第一要务,这会涉及交通道德问题。

4)智能汽车将对交通运输业产生深远而革命性的影响

智能汽车将大幅减少交通安全事故。汽车交通事故在很大程度上取决于人为因素,无人驾驶汽车由行车电脑精确控制,可以有效减少酒驾、疲劳驾驶、超速等人不遵守交通规则导致的交通事故。智能汽车将提高车辆利用率,降低汽车总销量,减轻汽车对环境的污染。根据谷歌无人驾驶汽车团队的统计,传统汽车在大部分时间内(96%)处于空闲状态,利用率较低。无人驾驶汽车可以按照时间顺序依次供需要的人使用,因此可以更好地统筹安排家庭内车辆使用,提高车辆的使用效率,减少车辆消费总量,有效减少碳排放。另一方面,智能汽车可以根据实时路况自动选择到达目的地的最优路径,能源消耗更少。

全工况无人驾驶

智能汽车将改变当前汽车交通基础设施状况,影响汽车运输相关产业的发展。智能汽车的运行需要配套的交通基础设施,当前的基础设施建设情况将不再适用。例如由于无人驾驶汽车靠传感器感知路面障碍,或者通过 4G/DSRC 与道路设施通信,因此需要在交叉路口、路侧、弯道等布置引导电缆、磁气标志列、雷达反射性标志、传感器、通信设施等。队列行驶也是智能汽车的另一种形式,即有人驾驶领头车辆,后面跟随着无人驾驶车辆编队,这一技术将提高汽车运输的自动化程度。

5)智能汽车发展阶段

从发展的角度,智能汽车将经历两个阶段。第一阶段是智能汽车的初级阶段,即辅助驾驶;第二阶段是智能汽车发展的终极阶段,即完全替代人的无人驾驶。美国高速公路安全管理局将智能汽车定义为以下五个层次。

(1)无智能化(层次0):由驾驶员时刻完全地控制汽车的原始底层结构,包括制动器、转向器、油门踏板以及启动机。

(2)具有特殊功能的智能化(层次1):该层次汽车具有一个或多个特殊自动控制功能,通过警告防范车祸于未然,可称之为"辅助驾驶阶段"。这一阶段的许多技术大家并不陌生,比如车道偏离警告系统(LDW)、正面碰撞警告系统(FCW)、盲点信息(BLIS)系统。

(3) 具有多项功能的智能化(层次2):该层次汽车具有将至少两个原始控制功能融合在一起实现的系统,完全不需要驾驶员对这些功能进行控制,可称之为"半自动驾驶阶段"。这个阶段的汽车会智能地判断司机是否对警告的危险状况作出响应,如果没有,则替司机采取行动,比如紧急自动刹车系统(AEB)、紧急车道辅助系统(ELA)。

(4) 具有限制条件的无人驾驶(层次3):该层次汽车能够在某个特定的驾驶交通环境下让驾驶员完全不用控制汽车,而且汽车可以自动检测环境的变化以判断是否返回驾驶员驾驶模式,可称之为"高度自动驾驶阶段"。目前,谷歌无人驾驶汽车基本处于这个层次。

(5) 全工况无人驾驶(层次4):该层次汽车完全自动控制车辆,全程检测交通环境,能够实现所有的驾驶目标,驾驶员只需提供目的地或者输入导航信息,在任何时候都不需要对车辆进行操控,可称为"完全自动驾驶阶段"或者"无人驾驶阶段"。

6) 国内进展

我国从20世纪80年代开始着手无人驾驶汽车的研制开发。中国科学院合肥研究院、清华大学、国防科技大学、上海交通大学、西安交通大学、吉林大学、同济大学、天津军交学院等都有过无人驾驶汽车的研究项目。特别是北京理工大学和中国科学院合肥研究院,在无人车技术上已取得全国领先的水平,在国内的多个无人车比赛中经常受邀以表演队的身份参加。1992年,国防科技大学研制成功了我国第一辆真正意义上的无人驾驶汽车。由计算机及其配套的检测传感器和液压控制系统组成的汽车计算机自动驾驶系统,被安装在一辆国产的中型面包车上,使该车既保持了原有的人工驾驶性能,又能够用计算机控制进行自动驾驶。2000年6月,国防科技大学研制的第4代无人驾驶汽车试验成功,最高时速达76 km,创下国内最高纪录。2003年7月,国防科技大学和中国一汽联合研发的红旗无人驾驶轿车高速公路试验成功,自主驾驶最高稳定时速130 km,其总体技术性能和指标已经达到世界先进水平。

THMR-V(TsingHua Mobile Robot V)型智能车是清华大学智能技术与系统国家重点实验室在中国科学院院士张钹主持下研制的新一代智能移动机器人,兼有面向高速公路和一般道路的功能。车体采用道奇7座厢式车改装,装备有彩色摄像机和激光测距仪组成的道路与障碍物检测系统;由差分GPS、磁罗盘和光码盘组成的组合定位导航系统等。两套计算机系统分别进行视觉住处处理,完成信息融合、路径规划、行为与决策控制等功能。四台IPC工控机分别完成激光测距信息处理、定位信息处理、通信管理、驾驶控制等功能。设计车速高速公路为80 km/h,一般道路为20 km/h。目前已能够在校园的非结构化道路环境下,进行道路跟踪和避障自主行驶。汽车的智能化可以减轻驾驶员的疲劳,适应复杂的天气条件,减少交通事故的发生。

THMR-V型智能汽车

此外,西安交通大学搭建了Spingrobot智能车实验平台,并于2005年10月成功完成在敦煌"新丝绸之路"活动中的演示。同济大学2006年研发了一辆无人驾驶清洁能源电动游览车,最高速度为50 km/h,可应用于人们观光旅游。吉林大学和中科院沈阳自动化所在无人驾驶智能车方面也研究较早,取得不少成果。

7) 未来预测

美国电气和电子工程师协会(IEEE)预测,21世纪中叶前,无人驾驶汽车将占据全球汽车保有量的75%,汽车交通系统概念将迎来变革,交通规则、基础设施都将随着无人驾驶汽车的出现而发生剧变,智能汽车可能颠覆当前的汽车交通运输产业运作模式。近日,汽车行业著名咨询机构IHS发布预测报告称,通过电脑系统实现无人驾驶的智能汽车,其发展速度正在赶超纯电动汽车,2025年左右将走进寻常百姓家,2035年销量将达到1180万辆,占同期全球汽车市场总销量的9%。以往在科幻大片中才能见到的无人驾驶汽车似乎离我们的现实生活越来越近了。

参 考 文 献

[1]曲金玉,任国军.汽车文化[M].北京:机械工业出版社,2011.
[2]李维臻.汽车文化教程[M].长春:吉林大学出版社,2007.
[3]纪元.汽车文化[M].北京:中国广播电视出版社,2009.
[4]林平.全新车魂——世界著名汽车人物[M].北京:化学工业出版社,2012.
[5]帅石金.汽车文化[M].2版.北京:清华大学出版社,2007.
[6]蒋猛.汽车文化[M].重庆:西南大学出版社,2007.
[7]宋景芬.汽车文化[M].北京:人民交通出版社,2007.
[8]仲子平,闫瑜.汽车文化[M].北京:北京航空航天大学出版社,2012.
[9]董继明.汽车文化[M].北京:北京理工大学出版社,2009.
[10]莫明立,李穗平.汽车文化[M].重庆:重庆大学出版社,2013.
[11]刘锐,郑广军.汽车文化[M].北京:北京大学出版社,2009.
[12]王新旗.新能源汽车概论[M].北京:人民交通出版社,2018.
[13]肖生发.汽车文化[M].2版.北京:机械工业出版社,2017.
[14]谭本忠.汽车文化[M].2版.北京:机械工业出版社,2017.
[15]杨建良,谢永东.汽车文化[M].北京:北京出版社,2014.
[16]陈燕.汽车文化概论[M].北京:人民交通出版社,2010.
[17]高建平.新能源汽车概论[M].北京:机械工业出版社,2018.
[18]蔡兴旺.汽车概论[M].3版.北京:机械工业出版社,2016.
[19]巴兴强,马振江,田淑梅.汽车文化[M].哈尔滨:东北林业大学出版社,2016.
[20]何宝文.汽车文化与常识[M].2版.北京:清华大学出版社,2015.